··· 일러두기 ···

1. 맞춤법은 국립국어원 표준국어대사전을 따랐습니다.
2. 이 책에 수록된 그림과 사진은 Artvee, Shutterstock, Wikimedia Commons에 있는 자료를 사용하였습니다. 부득이하게 허가를 받지 못한 저작권이 있다면 출판사로 연락 부탁드립니다.

똑 부러지게 질문하는 법

하루 5분
생각의 힘을 키우는
초등 글쓰기

"**모든 공부의 시작은 질문입니다!**"

아이가 스마트폰은 잠시 내려 두고 창의적인
질문으로 사고력을 키울 수 있도록 도와요.
_초등 논술 전문가 오현선(라온오쌤)

머리말

　오늘 하루를 잘 떠올려 보세요. 어떤 하루를 보냈나요? 학교에 가고, 학원에 가고 집에서 또 무언가를 했을 거예요.

　오늘 하루 중 여러분이 어떤 질문을 했는지 떠올려 보세요. 부모님께, 선생님께, 그리고 길을 오가며 만난 자연에게 어떤 질문을 했나요?

　만약 여러분이 질문하는 것보다 답을 찾는 데 더 열심이었다면 이제부터라도 질문하는 습관을 들여야 해요.

　질문이 왜 중요하냐고요? 질문하는 사람은 세상에 대해 호기심이 많은 사람이기 때문에 진짜 배움을 얻을 수 있어요. 관심 없는 것을 무작정 외우고 흡수하는 공부는 여러분을 힘들게 하죠. 하지만 질문을 하기 시작하면 세상이 새롭게 보이면서 무언가 궁금해지기 시작하고, 질문이 질문을 낳아 더 큰 배움을 얻을 수 있답니다.

　지금은 인공지능 시대예요. '챗GPT'라는 생성형 AI는 우리가 하는 질문에 답을 주는 인공지능이지요. 스마트폰에 애플리케이션을 설치해 지금 바로 대화해 보세요. 바로 답을 주지만, 정말 좋은 답을 얻으려면 질문을 잘해야 한다는 사실을 깨닫게 될 거예요. 즉, 질문을 잘하는 사람이 인공지능 시대에 잘 적응할 수 있어요.

　무엇보다 가장 중요한 것은 여러분이 여러분 자신에게 하는 질문이에요. '나'에 대해 궁금해하고 늘 질문해야 새로운 것에 도전할 수 있는 힘이 생겨요. 그래서 매일 더 나은 사람이 될 수 있답니다. 자신의 삶은 자신이 책임져야 하기 때문에 누가 시키는 대로만, 하라는 대로만 하면서 질문 없이 산다면 자신을 올곧게 세울 수 없을 거예요.

　이 책에는 다양한 글과 그림이 실려 있어요. 먼저 글과 그림을 감상한 후 질문을 만들어 보세요. 내용을 잘 파악할 수 있는 질문부터 여러 질문 기법을 활용한 질문을 만들다 보면 어느새 질문을 잘하는 어린이가 되어 있을 거예요.

　이 책에 정답은 없어요. 다만 여러분이 한 질문에 답을 찾기 어려울 때는 챗GPT를 활용하거나 다른 사람과 대화해 보세요. 인공지능이나 다른 사람의 답변을 통해 더 나은 답과 질문을 찾을 수 있답니다.

오현선

목차

- 이 책의 특징 … 6
- 뭐라고 질문했을까? … 8
- 나는 누구일까? … 9
- 육하원칙 질문 만들기 1 … 10
- 육하원칙 질문 만들기 2 … 12
- 예시 모음 … 124

1장 똑똑한 질문의 힘_인물
- 나라를 위해 자신을 바친 안중근 … 16
- 조선을 보여 준 화가, 김홍도 … 18
- 많은 이들의 존경을 받은 세종 … 20
- 나라를 위해 충성한 이순신 … 22
- 환자를 먼저 생각한 의사, 장기려 … 24
- 점자를 만든 루이 브라유 … 26
- 장애를 극복한 헬렌 켈러 … 28
- 흑인 대통령, 넬슨 만델라 … 30
- 똑똑한 과학자, 아인슈타인 … 32
- 동화 작가, 안데르센 … 34

2장 똑똑한 질문의 힘_과학
- 벌레는 나에게로! 식충식물 … 38
- 신기한 생김새를 가진 동물들 … 40
- 우주를 떠다니는 우주 쓰레기 … 42
- 환경을 위협하는 플라스틱 … 44
- 다양한 모습으로 바뀌는 물질의 상태 … 46
- 소중한 우리 몸 … 48
- 보이지 않는 미세먼지 … 50
- 여러 가지 힘 … 52
- 미래의 정보 통신 기술 … 54
- 챗GPT를 활용하는 어린이 … 56

3장 똑똑한 질문의 힘_문화·역사
- 한국인의 대표 간식, 떡볶이 … 60
- 우리나라 전통 음식, 김치 … 62
- 배우기 쉽고 과학적인 우리 한글 … 64
- 중국의 판다 외교 … 66
- 여기도 저기도 키오스크 … 68
- 구석기 도구, 주먹도끼 … 70
- 신석기 도구, 빗살무늬토기 … 72
- 청동기 도구, 비파형 단검 … 74
- 족장의 무덤, 고인돌 … 76
- 비의 양을 재는 측우기 … 78

4장 똑똑한 질문의 힘_시와 이야기
- 엄마의 힘 … 82
- 할아버지 … 84
- 지렁이와 흙 … 86
- 수학 문제 … 88
- 민들레 … 90
- 사람은 무엇으로 사는가 … 92
- 마지막 잎새 … 94
- 행복한 왕자 … 96
- 견우와 직녀 … 98
- 해님 달님 … 100
- 콩쥐팥쥐 … 102
- 개미와 베짱이 … 104
- 여우와 포도 … 106
- 단톡방 이야기 … 108
- 진실의 구슬 … 110

5장 똑똑한 질문의 힘_명화
- 빈센트 반 고흐 〈첫걸음〉 … 114
- 김홍도 〈씨름〉 … 116
- 에드바르 뭉크 〈절규〉 … 118
- 브리튼 리비에르 〈공감〉 … 120
- 피카소 〈한국에서의 학살〉 … 122

이 책의 특징

인공지능은 사람보다 더 많은 정보를 가지고 있어요. 백과사전 12만 권 이상의 정보를 담고 있지요. 인공지능은 앞으로 더 발전해 사람처럼 생각하고 판단하게 될 거예요. 또한 전문가들은 인공지능이 많은 직업을 대체할 거라고 해요. 하지만 지레 겁먹을 필요는 없어요. 계산기가 등장했을 때 숫자와 관련된 직업을 갖고 있는 사람들이 일자리를 잃거나 사람들의 계산 능력이 떨어질 거라고 생각했지만, 결국 사람들은 계산기라는 '도구'를 활용해 더 큰 발전을 이뤄 냈지요.

인공지능을 잘 활용하기 위해서는 창의적인 질문을 해야 해요. 그래야 단답 형식이 아닌 풍성한 자료를 바탕으로 훌륭한 답변을 내놓게 되지요. 그런데 우리는 배우고 받아들이는 데 익숙해요. '왜 이런 현상이 생기지?', '그 사람은 무엇 때문에 그런 행동을 했을까?', '이 그림 작품은 무엇을 의미하지?' 이런 질문들을 잘 하지 않지요. 그래서 이 책은 '질문'이 어색하고 어려운 친구들이 질문을 잘할 수 있도록 돕기 위해 만든 연습 책이에요. 질문을 잘하는 방법은 아래와 같아요.

- **준비** · 본문 글을 읽어요.
  (사진이나 그림이 나오면 사진과 그림을 먼저 감상하고 글을 읽어요.)
  · 주요 키워드*를 찾아요.
- **1단계** · 내용을 파악하는 질문을 해요.
- **2단계** · 육하원칙(누가, 언제, 어디서, 무엇을, 어떻게, 왜)을 넣어 질문해요.
- **3단계** · '나라면 어땠을까?' 나와 연결 지어 질문해요.
- **4단계** · 교훈이나 느낌 등 자신만의 생각이나 결론을 글로 마무리해요.

*키워드: 특정한 내용이 들어 있는 정보를 찾기 위해 사용하는 단어나 기호.

하브루타 교육법

《하루 5분 생각의 힘을 키우는 초등 글쓰기》의 질문 방법은 세계 1% 리더를 키워낸 유대인들의 교육법 '하브루타 교육법'을 참고해서 만들었어요. 하브루타 교육법이란 유대인의 전통 학습 방법이에요. 하브루타 교육법은 자신의 생각을 정리해서 말하고, 이야기를 나눈 뒤 서로 질문하며 새로운 생각을 발견하고 자신의 생각을 넓히는 학습법입니다. 질문하고 대답하는 과정에서 자기주도 학습 능력, 사고력, 논리력, 창의력 등을 키울 수 있어요.

<하브루타 질문 방법>

	내용	예문 (예: 많은 이들의 존경을 받은 세종)
도입	**동기 질문** 관심을 유도하거나 흥미로운 질문을 해요.	오늘 어떤 내용을 배울까?
1단계 (사실)	**사실 질문** 내용을 읽고 사실을 이해하고 있는지 질문해요.	세종은 왜 훈민정음을 만들기로 했을까?
2단계 (심화)	**상상 질문** 정답이 없는 질문으로 마음껏 상상해요.	훈민정음이 생기고 가장 행복한 사람은 누구였을까?
3단계 (적용)	**연관 질문** 본문 내용과 나를 연결 짓거나 생활에서 적용하기 위한 질문을 해요.	내가 세종이었다면 훈민정음 외에 백성을 위해 무엇을 만들었을까?
4단계 (확장)	**종합 질문** 앞서 질문을 통해 나온 답변과 생각을 바탕으로 내용을 정리하고 어떤 점을 깨달았는지 알아요.	세종은 글을 몰라 어려움을 겪는 백성을 위해 훈민정음을 창제했다. 훈민정음을 배운 아이들은 세상을 보는 눈이 더 깊어져 행복했을 것 같다. 한편 세종은 백성들이 보다 편하게 농사를 짓게 하기 위해 고민했던 왕이다. 당대 최고의 학자들을 불러 해시계(앙부일구), 물시계(자격루), 측우기 등을 만들게 해 조선의 과학 기술을 한층 발전시켰다. 내가 만약 세종이었다면 이러한 도구 외에도 백성들의 고민을 덜 수 있는 걱정 인형을 만들이 나누어 주었을 것이다.

뭐라고 질문했을까?

다음 두 사람이 어떤 대화를 하고 있어요.
어떤 질문을 했기에 다음 대답을 하고 있는 걸까요?
질문한 친구의 입장이 되어 대답에 어울리는 질문을 추측해서 써 보세요.

질문:

대답: 친구가 나에게 나쁜 말을 했거든.

질문:

대답: 속상해서 울고 싶은 마음이었어.

질문:

대답: 정말? 그럼 나도 좋지. 고마워.

질문:

대답: 집에 가서 씻고 푹 쉴 거야.

나는 누구일까?

여러분을 소개할 수 있는 질문과 답을 써요.
그리고 대화를 쭉 읽어 보세요. 여러분 자신이 잘 표현되지 않았다면
질문을 바꾸거나 다른 질문을 만들어도 좋아요.

> 넌 이름이 뭐야?

육하원칙 질문 만들기 1

육하원칙은 어떤 일을 자세히 설명하거나 쓸 때 지켜야 할 기본 원칙이에요. '누가, 언제, 어디서, 무엇을, 어떻게, 왜'의 여섯 가지예요. 육하원칙으로 질문하는 습관을 들이면 생각의 힘도 커져요. 육하원칙을 활용한 질문을 만들어 볼까요?

언제
예시) 사람은 **언제** 행복하다고 느낄까?

어디서
예시) 너는 오늘 **어디서** 공부했니?

누가
예시) 우리 집 초인종은 **누가** 누르고 갔을까?

'누가, 언제, 어디서, 무엇을, 어떻게, 왜' 육하원칙 꼭 기억해 줘!

무엇을 예시)
오늘 학교에서 **무엇을** 했지?

어떻게 예시)
마음이 속상할 때는 **어떻게** 하면 좋을까?

왜 예시)
지구는 **왜** 자전을 할까?

육하원칙 질문 만들기 2

이번에는 '엄마'를 소재로 육하원칙 질문을 만들어 볼게요.
엄마에 대해 1분간 생각한 뒤 육하원칙 단어를 넣어 떠오르는 질문을 써요.

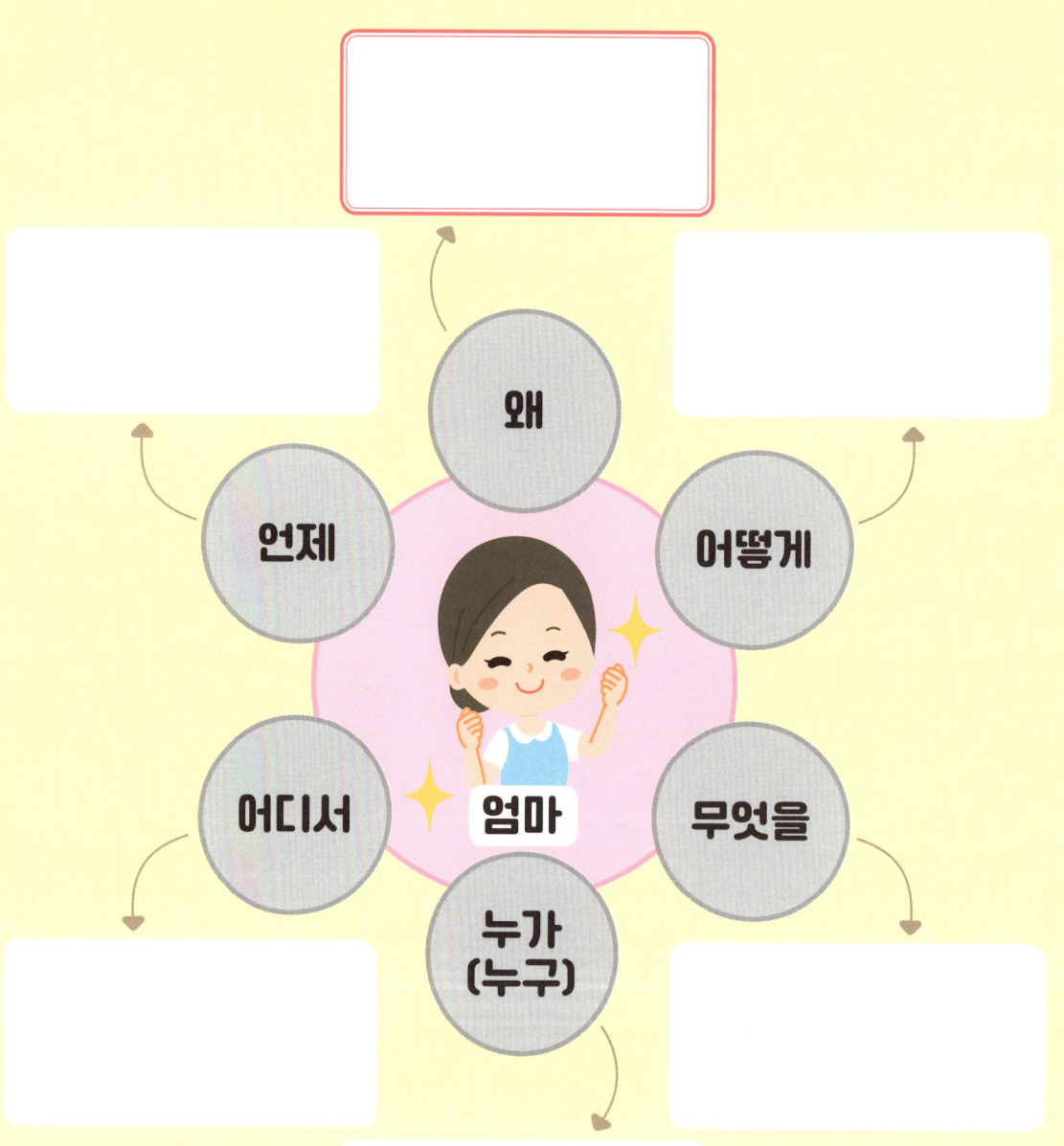

이번에는 여러분이 소재를 정해 육하원칙 질문을 만들어 보세요.
정한 소재에 대해 1분간 생각한 뒤 육하원칙 단어를 넣어 떠오르는 질문을 써요.

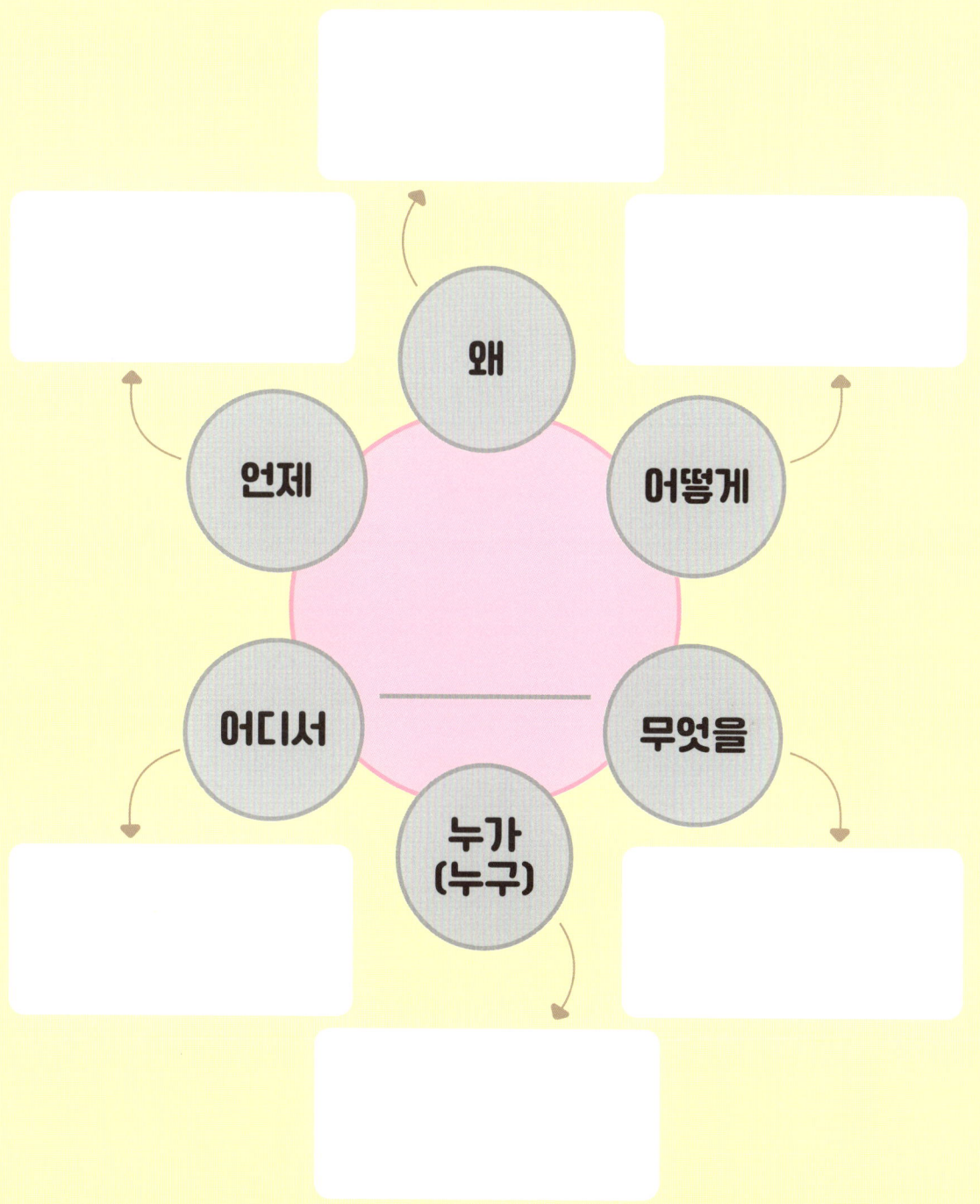

1장 똑똑한 질문의 힘
인물

인물 : 나라를 위해 자신을 바친 안중근

 **사고력 마중하기** 글의 내용을 머릿속으로 떠올리며 소리 내어 읽어 보세요.

안중근은 우리나라 독립운동가예요. 1909년 10월 26일, 만주 하얼빈역에 숨어들어 우리나라를 침략한 이토 히로부미를 죽이고 재판을 받아 세상을 떠나고 말았어요.

태어날 때 가슴과 배에 7개의 점이 있다고 해서 이름이 '응칠'이었는데, 나중에 '중근'으로 바뀌었지요. 젊은 시절 말타기와 사냥을 잘해 명사수로 이름나기도 했어요. 1895년 아버지를 따라 카톨릭 신자가 되어 도마(Thomas)라는 세례명을 얻기도 했답니다. 1904년 광산 회사를 경영했는데 이듬해 을사늑약(1905년, 일본이 한국의 외교권을 뺏기 위해 강제로 맺은 조약)이 체결되는 것을 보고 분노했어요. 후손을 위해 교육이 중요하다고 생각해 삼흥학교를 세우고 돈의학교를 인수하는 등 인재를 키우는 데 힘썼어요. 또 스스로 군인이 되어 싸우기도 했습니다.

나라를 되찾고자 하는 의지를 다지기 위해 동지 열한 명과 함께 손가락을 잘라 혈서를 썼어요. 이를 단지 동맹이라고 해요. 그리고 마침내 우리나라를 침략해 식민지로 만든 이토 히로부미를 처단하고자 그가 온다는 곳으로 가 총을 쏘고 "대한 독립 만세!"라고 외쳤지요. 결국 현장에서 러시아 경찰에 잡힌 그는 일본 관헌에 끌려가 재판을 받았어요. 재판장에서도 당당하게 "왜 우리가 죄인인가, 우리를 먼저 빼앗으려고 한 일본이 잘못이 아닌가!" 하고 외쳤습니다.

재판을 받고 한 달여 만에 사형이 집행되어 세상을 떠났어요. 일본은 끝내 안중근을 어디에 묻었는지 말해 주지 않았고, 조국에 묻히고 싶어 했던 안중근의 유해는 안타깝게도 지금까지 돌아오지 못하고 있답니다.

 **질문으로 사고력 키우기** 글의 내용을 떠올리며 질문을 만들어 보세요.

1단계

안중근에 대해 글에서 답을 찾을 수 있는 질문을 만들어요.
(예시) 단지 동맹이란 무엇일까?

질문에 대한 답을 써요.

(본문에 밑줄을 먼저 그어 놓으면 쓰기 편해요.)

2단계

누가/언제/어디서/무엇을/어떻게/왜

육하원칙을 사용해 안중근에 대한 질문을 만들어요.
(**예시** 안중근은 왜 독립운동을 하기로 결심했을까?)

질문에 대한 답을 써요.

(챗GPT에 물어보거나 주변 사람과 대화한 뒤 써요.)

3단계

본문과 관련해 나 또는 우리 생활과 연결되는 질문을 만들어요.
(**예시** 우리는 독립운동가 후손을 어떻게 대해야 할까?)

질문에 대한 답을 써요.

(스스로 생각해서 써요.)

사고력 완성하기

다음 키워드 2~3개를 넣어 안중근에게 하고 싶은 말이나 질문을 편지글로 써요.

4단계

#독립운동가 #감사 #애국 #나라 #이토 히로부미

인물 : 조선을 보여 준 화가, 김홍도

 **사고력 마중하기** 글의 내용을 머릿속으로 떠올리며 소리 내어 읽어 보세요.

김홍도는 김득신, 신윤복과 함께 조선 시대 3대 풍속화가 가운데 한 명이에요. 주로 풍속화와 산수화를 그렸지요. 풍속화는 평범한 사람들이 사는 일상을 그린 그림이고, 산수화는 자연을 그린 그림이에요.

김홍도는 어릴 때부터 그림에 재능을 보였어요. 그의 스승은 김홍도에 대해 이렇게 말했어요. "그의 그림은 감히 명성 있는 옛 화가들과 비교해도 가히 거리낄 것이 없다. 특히 신선과 꽃, 새 그림을 잘 그려 이것만 가지고도 한 시대를 울리며 후대까지 길이 전하기에 충분하다."라고 말이에요. 김홍도는 스무 살이 되기 전, 그림을 그리는 관청인 도화서에 들어가서 그림을 배웠어요. 도화서는 당시 그림을 잘 그리는 화가들이 모두 가고 싶어하는 곳이었지요. 김홍도는 도화서에 들어가 임금인 영조가 칠순이 되었을 때 벌인 왕실 잔치를 혼자 그렸어요. 또한 서민이나 양반 등 궁궐 바깥의 삶을 그림에 담아냈지요. 그래서 그의 그림을 쭉 보면 조선 시대 사람들이 어떻게 살았는지 대강 알 수 있어요.

김홍도의 대표적인 풍속화로는 〈씨름〉, 〈서당〉, 〈고누놀이(말판에서 하는 우리나라 전통 민속놀이)〉, 〈기와이기(지붕 위에 기와를 잇는 일)〉 등이 있습니다. 그의 그림에는 따뜻함이 묻어 있고 유머도 엿보여요. 그래서 당시 서민들은 김홍도의 그림을 좋아했어요.

김홍도는 산수화, 인물화에서도 실력을 발휘했는데요, 그의 산수화는 자연의 아름다움을 자세히 표현했어요. 인물화는 사람들의 표정, 동작, 자세 등을 섬세하게 그려 내어 당대 최고의 화가로 인정받았을 뿐 아니라 오늘날에도 우리나라 최고 화가로 손꼽혀요.

 **질문으로 사고력 키우기** 글의 내용을 떠올리며 질문을 만들어 보세요.

1단계

김홍도에 대해 글에서 답을 찾을 수 있는 질문을 만들어요.

질문에 대한 답을 써요.

(본문에 밑줄을 먼저 그어 놓으면 쓰기 편해요.)

2단계

누가/언제/어디서/무엇을/어떻게/왜

육하원칙을 사용해 김홍도에 대한 질문을 만들어요.

질문에 대한 답을 써요.

(챗GPT에 물어보거나 주변 사람과 대화한 뒤 써요.)

3단계

본문과 관련해 나 또는 우리 생활과 연결되는 질문을 만들어요.

질문에 대한 답을 써요.

(스스로 생각해서 써요.)

사고력 완성하기

다음 키워드 2~3개를 넣어 김홍도를 소개하는 글을 써요.

4단계

#화가 #조선 시대 #풍속화 #김홍도 #재능 #꿈

인물 : 많은 이들의 존경을 받은 세종

 **사고력 마중하기** — 글의 내용을 머릿속으로 떠올리며 소리 내어 읽어 보세요.

우리나라 국민이라면 세종을 다 알고 있을 거예요. 한글을 만드신 분 아니냐고요? 맞아요. 그런데 세종은 그보다 더 많은 일을 했어요.

세종은 조선의 네 번째 왕이에요. 32년간 왕의 자리에 있었지요. 어릴 때부터 책을 무척 좋아했다고 해요. 왕이 된 뒤에는 공부를 중요하게 생각해, 여러 학자들이 공부할 수 있도록 집현전을 설치했어요. 그 덕에 조선의 과학과 문화를 많이 발전시켰지요.

세종의 가장 큰 업적은 훈민정음이에요. 세종은 백성들이 글을 몰라 힘들어하는 것을 보고 안타까워했어요. 그래서 학자들과 함께 1443년, 훈민정음을 만들었어요. 훈민정음이 생기자 많은 백성이 한자보다 쉬운 문자인 훈민정음을 통해 글을 읽을 수 있게 되었답니다. 훈민정음의 낱자와 문법을 다듬어 만든 한글은 오늘날에 이르러 세계적으로 독창성과 편리성을 인정받은 문자가 되었지요.

세종의 업적은 이뿐만이 아니에요. 세종은 농업도 발전시켰어요. 농사법을 담은 책을 만들어 사람들에게 알렸으며, 농사에 도움이 되는 기구를 개발했어요. 또 장영실을 시켜 과학 기구를 만들게 했어요. 여러분이 잘 알고 있는 측우기나 해시계 등은 세종의 지시로 발명된 것이랍니다. 비가 내린 양을 알 수 있는 측우기와 시간을 알 수 있는 해시계도 농사와 관련이 있어요.

그 밖에도 다른 나라와 관계를 잘 맺어 나라를 평화롭게 하려고 노력하는 등 우리나라를 많이 발전시킨 훌륭한 왕이에요. 지금도 많은 이들이 세종을 좋아하고 존경하고 있답니다.

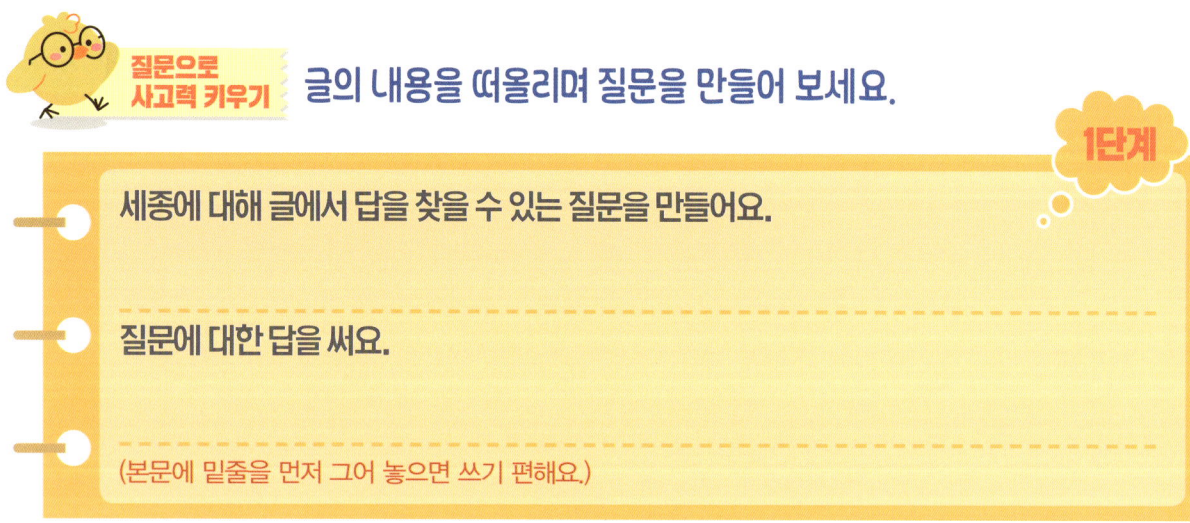

질문으로 사고력 키우기 — 글의 내용을 떠올리며 질문을 만들어 보세요.

1단계

세종에 대해 글에서 답을 찾을 수 있는 질문을 만들어요.

질문에 대한 답을 써요.

(본문에 밑줄을 먼저 그어 놓으면 쓰기 편해요.)

2단계

누가/언제/어디서/무엇을/어떻게/왜

○ 육하원칙을 사용해 세종에 대한 질문을 만들어요.

○ 질문에 대한 답을 써요.

○ (챗GPT에 물어보거나 주변 사람과 대화한 뒤 써요.)

3단계

○ 본문과 관련해 나 또는 우리 생활과 연결되는 질문을 만들어요.

○ 질문에 대한 답을 써요.

○ (스스로 생각해서 써요.)

사고력 완성하기 다음 키워드 2~3개를 넣어 세종이 지금 우리나라에 온다면 어떤 일을 할 것 같은지 써요.

4단계

#세종 #훈민정음 #우리말 #언어 #과학

인물 : 나라를 위해 충성한 이순신

 **사고력 마중하기** 글의 내용을 머릿속으로 떠올리며 소리 내어 읽어 보세요.

　이순신은 조선 중기 무신(군사를 관리하는 신하)으로 임진왜란에서 활약한 장군이에요. 이순신의 집안은 대대로 관직을 지낼 만큼 명문가였어요. 하지만 할아버지가 좋지 않은 일을 당한 이후로 아버지도 관직에 나가지 않았습니다. 이순신이 태어났을 즈음에는 이미 집안이 기울었어요.

　하지만 이순신은 어머니 덕에 배움을 게을리하지 않았어요. 그리하여 형제들 가운데 남다른 정의감과 용감함을 함께 지닌 성품으로 자랐지요. 이순신은 32살에 군사 일을 맡아 보는 관리 시험에 합격했고 그 후로 군사에서 장군까지 됐어요.

　임진왜란은 1592년 일본의 침입으로 시작된 전쟁이에요. 일본이 우리나라에 쳐들어온 날, 조선의 군은 대부분은 쉬고 있었어요. 그런데 해질 무렵 원균으로부터 일본 배 350여 척이 부산 앞바다에 왔다는 소식이 들려왔지요. 임진왜란이 시작되자 이순신은 전라좌수사로서 조선의 수군(바다에서 싸우는 군인)을 이끌었어요. 1592년에는 옥포에서 싸운 옥포 해전에서 크게 승리했지요. 그 후로 한산도대첩에서도 승리했어요. 특히 명량 해전은 단 12척의 배로 330여 척의 일본 배를 막아 낸 전쟁으로 유명해요. 명량대첩이라고도 하지요.

　이순신은 뛰어난 전술을 바탕으로 전쟁에서 큰 승리를 거두어 조선을 지키는 데 큰 공을 세웠어요. 그래서 아직도 영화나 소설로 만들어지고 있답니다. 뛰어난 전술, 나라를 위한 충성심이 가득했던 그는 안타깝게도 노량해전에서 싸우다 1598년 전사했어요. 그가 죽으며 남긴 '적에게 나의 죽음을 알리지 말라'라는 말은 무척 유명해요. 자신보다 나라의 운명을 걱정한 거예요.

 **질문으로 사고력 키우기** 글의 내용을 떠올리며 질문을 만들어 보세요.

1단계

이순신에 대해 글에서 답을 찾을 수 있는 질문을 만들어요.

질문에 대한 답을 써요.

(본문에 밑줄을 먼저 그어 놓으면 쓰기 편해요.)

2단계

누가/언제/어디서/무엇을/어떻게/왜

- 육하원칙을 사용해 이순신에 대한 질문을 만들어요.

- 질문에 대한 답을 써요.

- (챗GPT에 물어보거나 주변 사람과 대화한 뒤 써요.)

3단계

- 본문과 관련해 나 또는 우리 생활과 연결되는 질문을 만들어요.

- 질문에 대한 답을 써요.

- (스스로 생각해서 써요.)

사고력 완성하기 다음 키워드 2~3개를 넣어 이순신에게 하고 싶은 말을 편지글로 써요.

4단계

#이순신 #일본 #임진왜란 #전사 #나라 #충성

인물 : 환자를 먼저 생각한 의사, 장기려

 **사고력 마중하기** 글의 내용을 머릿속으로 떠올리며 소리 내어 읽어 보세요.

장기려는 우리나라를 대표하는 훌륭한 의사 가운데 한 명이에요. 1911년에 태어난 그는 평생 어려운 사람들을 돕기 위해 노력했어요. 장기려는 그의 아버지가 세운 의성초등학교를 거쳐 개성에 있는 송도고등보통학교를 졸업했어요. 어린 시절부터 공부를 열심히했던 그는 경성의학 전문학교에 입학해 1등으로 졸업하였고, 경성의전 외과학교실 조수를 거쳐 의사가 되었어요. 1938년 경성의전 외과학 강사로 근무하던 그는 가난한 사람을 돕겠다는 마음 하나로 기독교 계열의 병원인 평양 기휼병원 외과 과장이 되었답니다.

1950년 6·25 전쟁이 일어난 뒤 남한으로 내려와 가난한 환자를 무료로 진료해 주는 복음병원을 세웠어요. 이곳에서 25년간 돈 없고 아픈 사람들을 치료해 주었답니다. 이후 1968년 청십자 의료보험조합을 만들어 가난한 사람에게 의료 혜택을 주었어요.

1975년에는 청십자 의료보험조합을 바탕으로 청십자병원을 세우기도 했답니다. 이 병원은 매우 특별했어요. 왜냐하면 가난한 사람에게는 진료비를 받지 않았거든요. 돈이 없어서 아픈 곳을 치료받지 못하는 사람들이 청십자병원을 찾았어요. 장기려 의사는 가난한 이들을 친절하게 성심껏 치료를 하며 돌보았어요.

장기려는 단지 병을 고치는 것만이 아니라, 사람들의 마음도 따뜻하게 해 주었어요. 그의 헌신적인 노력과 사랑 덕분에 많은 사람들이 건강을 되찾고, 희망을 가질 수 있었어요. 지금도 많은 사람들이 장기려를 기억하며 감사해하고 있어요.

 **질문으로 사고력 키우기** 글의 내용을 떠올리며 질문을 만들어 보세요.

1단계

장기려에 대해 글에서 답을 찾을 수 있는 질문을 만들어요.

질문에 대한 답을 써요.

(본문에 밑줄을 먼저 그어 놓으면 쓰기 편해요.)

누가/언제/어디서/무엇을/어떻게/왜

2단계

육하원칙을 사용해 장기려에 대한 질문을 만들어요.

질문에 대한 답을 써요.

(챗GPT에 물어보거나 주변 사람과 대화한 뒤 써요.)

3단계

본문과 관련해 나 또는 우리 생활과 연결되는 질문을 만들어요.

질문에 대한 답을 써요.

(스스로 생각해서 써요.)

사고력 완성하기

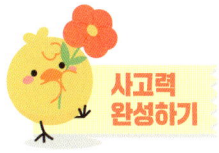

다음 키워드 2~3개를 넣어 장기려에게 하고 싶은 말이나 질문을 써요.

4단계

#장기려 #의사 #청십자병원 #환자 #봉사

인물: 점자를 만든 루이 브라유

 **사고력 마중하기** — 글의 내용을 머릿속으로 떠올리며 소리 내어 읽어 보세요.

　루이 브라유는 점자를 만든 사람이에요. 점자는 앞을 볼 수 없는 시각장애인이 손으로 읽는 글자인데요, 루이 브라유 덕분에 많은 시각장애인이 글을 읽을 수 있게 되었지요.

　루이 브라유는 1809년 프랑스 남부 작은 마을에서 태어났어요. 세 살 때 아빠가 일하는 곳에서 도구를 가지고 놀다가 사고로 왼쪽 눈을 다쳐 한쪽 눈을 보지 못하게 되었고, 이듬해 감염으로 오른쪽 눈마저 시력을 잃어 앞을 보지 못하게 되었지요. 마을에 있는 학교를 다니던 루이는 열 살이 되던 해 파리의 왕립맹학교에 들어가 더 많은 공부를 했어요.

　학교에 다니던 루이는 구리선을 눌러 만든 돋음 문자와 군대에서 사용하는 야간 문자를 알게 되었어요. 야간 문자는 군대에서 빠르게 내용을 전달할 수 있는 기호였어요. 하지만 두 문자는 실제 시각장애인 학생이 배우기에는 어려웠고, 루이는 학교를 다니며 두 문자를 바탕으로 시각장애인이 쉽게 배울 수 있는 점자를 만들었어요. 그의 점자는 6개 점으로 알파벳과 숫자를 모두 표현할 수 있었답니다. 십대 나이로 점자를 개발했고, 점자는 그의 이름을 따서 '브라유'라고 해요.

　그의 노력 덕에 시각장애인들은 새로운 빛을 만난 것 같이 기뻐했어요. 덕분에 많은 시각장애인이 책을 읽고 교육을 받아 여러 분야에서 활동할 수 있게 되었지요. 그가 만든 점자는 전 세계적으로 쓰이고 있어요. 훗날 헬렌 켈러도 그의 점자 덕에 읽는 기쁨을 알게 되었다고 얘기했지요. '브라유' 점자를 통해 앞을 보지 못하거나 책을 읽지 못했던 시각장애인이 세상을 다시 볼 수 있게 되었답니다.

 **질문으로 사고력 키우기** — 글의 내용을 떠올리며 질문을 만들어 보세요.

1단계

- 루이 브라유에 대해 글에서 답을 찾을 수 있는 질문을 만들어요.

- 질문에 대한 답을 써요.

- (본문에 밑줄을 먼저 그어 놓으면 쓰기 편해요.)

↱ 누가/언제/어디서/무엇을/어떻게/왜

2단계

○ 육하원칙을 사용해 루이 브라유에 대한 질문을 만들어요.

○ 질문에 대한 답을 써요.

○ (챗GPT에 물어보거나 주변 사람과 대화한 뒤 써요.)

3단계

○ 본문과 관련해 나 또는 우리 생활과 연결되는 질문을 만들어요.

○ 질문에 대한 답을 써요.

○ (스스로 생각해서 써요.)

 사고력 완성하기

다음 키워드 2~3개를 넣어 루이 브라유에게 주는 상장 내용을 써요.

4단계

#루이 브라유 #점자 #시각장애인 #희망 #끈기

인물 | 장애를 극복한 헬렌 켈러

 **사고력 마중하기** 글의 내용을 머릿속으로 떠올리며 소리 내어 읽어 보세요.

　헬렌 켈러는 보지도, 듣지도, 말하지도 못하는 장애를 가지고 태어났지만 자신의 삶을 가꾸고 다른 사람에게도 희망이 된 사람이에요.

　그녀는 태어난 지 19개월이 될 무렵 병에 걸려서 보지도 듣지도 못하게 되었어요. 그러다 보니 말하기도 어려워 자연스럽게 말도 못하지 못했어요. 그래서 늘 떼를 쓰는 아이로 지내기도 했는데요. 헬렌 켈러의 부모님이 딸의 교육을 위해 여기저기 알아보던 중 설리번이라는 선생님을 알게 되었어요. 설리번 선생님은 1887년 3월부터 헬렌 켈러를 가르치기 시작했지요. 헬렌 켈러는 설리번 선생님으로부터 많은 것을 배웠어요.

　설리번은 헬렌 켈러 손바닥에 글자를 써서 단어를 가르쳐 주었어요. '물'이라는 단어를 시작으로 헬렌 켈러는 어느새 울지 않고 필요한 것을 요구할 수 있게 되었지요. 또한 설리번은 헬렌 켈러가 말의 진동을 느낄 수 있도록 자신의 목에 손을 갖다 대도록 해 주어, 말하는 법도 익히게 했어요. 헬렌 켈러는 그렇게 세상을 배워갔어요. 설리번의 헌신 덕에 헬렌 켈러는 읽고 쓰게 되었고, 열심히 말하는 연습을 해서 말도 할 수 있게 되었답니다.

　헬렌 켈러는 설리번의 지속적인 교육과 응원 덕에 1904년 케임브리지 래드클리프대학을 우등생으로 졸업했어요. 졸업한 뒤에는 일생 동안 장애인의 삶을 더 나아지게 하는 데 힘썼어요. 여성의 인권에 대해서도 관심을 가지고 노력했지요. 많은 나라를 다니며 강연을 통해 소수자의 인권을 높이는 데 힘썼답니다.

 **질문으로 사고력 키우기** 글의 내용을 떠올리며 질문을 만들어 보세요.

1단계

헬렌 켈러에 대해 글에서 답을 찾을 수 있는 질문을 만들어요.

질문에 대한 답을 써요.

(본문에 밑줄을 먼저 그어 놓으면 쓰기 편해요.)

2단계

누가/언제/어디서/무엇을/어떻게/왜

○ **육하원칙**을 사용해 헬렌 켈러에 대한 질문을 만들어요.

○ 질문에 대한 답을 써요.

○ (챗GPT에 물어보거나 주변 사람과 대화한 뒤 써요.)

3단계

○ 본문과 관련해 나 또는 우리 생활과 연결되는 질문을 만들어요.

○ 질문에 대한 답을 써요.

○ (스스로 생각해서 써요.)

사고력 완성하기

다음 키워드 2~3개를 넣어 헬렌 켈러에게 설명해 주고 싶은 아름다운 풍경을 써요.

4단계

#아침 #햇살 #노을 #하늘 #강아지 #아이

인물 | 흑인 대통령, 넬슨 만델라

 **사고력 마중하기** 글의 내용을 머릿속으로 떠올리며 소리 내어 읽어 보세요.

 넬슨 만델라는 남아프리카 공화국의 첫 번째 흑인 대통령이자 인권 운동가예요. 그는 사람을 인종에 따라 차별하는 인종차별에 맞서 싸우며, 모든 사람이 평등하다고 주장했어요.

 만델라는 남아프리카의 작은 마을인 템부족 족장의 아들로 태어났어요. 아버지가 족장에서 물러나자 어려운 가정 형편속에서 자라게 되었지요. 어린 시절 기독교에서 운영하는 학교에 다니며 공부했고, 1940년 대학 재학 중 친구가 백인에게 괴롭힘당하는 것을 보면서 인종차별 문제와 그것이 옳지 않음을 깨닫기 시작했어요. 만델라는 대학에서 학생 대표로 활동하다가 학교와 갈등을 일으켰고, 교장의 뜻에 따르지 않아 결국 학교를 그만두었어요.

 이후 만델라는 친척의 도움으로 요하네스버그에 있는 부동산에서 일하게 되었고, 그곳에서 틈틈이 법률 공부를 했어요. 대학에서 다시 법을 전공하게 된 만델라는 아프리카 민족회의의 청년 단체를 만들었고, 요하네스버그에서 흑인으로서는 처음으로 법률 상담소를 열기도 했어요.

 당시 남아프리카공화국에는 오랫동안 흑인과 백인을 차별하는 '아파르트헤이트'라는 제도가 있었어요. 만델라는 이 제도에 반대하며 평화로운 시위를 이끌었지만, 정부는 그를 체포해서 감옥에 보냈어요. 만델라는 이 시위로 무려 27년 동안 감옥에 갇혀 있었답니다.

 1990년에 감옥에서 나온 만델라는 1994년에 남아프리카공화국의 첫 번째 흑인 대통령이 되었어요. 대통령이 된 후에는 모든 인종이 화합하고 평화롭게 살 수 있도록 노력했어요.

 **질문으로 사고력 키우기** 글의 내용을 떠올리며 질문을 만들어 보세요.

1단계

- 넬슨 만델라에 대해 글에서 답을 찾을 수 있는 질문을 만들어요.

- 질문에 대한 답을 써요.

- (본문에 밑줄을 먼저 그어 놓으면 쓰기 편해요.)

누가/언제/어디서/무엇을/어떻게/왜

2단계

육하원칙을 사용해 넬슨 만델라에 대한 질문을 만들어요.

질문에 대한 답을 써요.

(챗GPT에 물어보거나 주변 사람과 대화한 뒤 써요.)

3단계

본문과 관련해 나 또는 우리 생활과 연결되는 질문을 만들어요.

질문에 대한 답을 써요.

(스스로 생각해서 써요.)

 사고력 완성하기

다음 키워드 2~3개를 넣어 넬슨 만델라에게 주는 상장 내용을 써요.

4단계

#인종차별 #화합 #평화 #흑인 #대통령

인물 : 똑똑한 과학자, 아인슈타인

사고력 마중하기 글의 내용을 머릿속으로 떠올리며 소리 내어 읽어 보세요.

　알베르트 아인슈타인은 19~20세기를 대표하는 과학자예요. 아인슈타인은 1879년에 독일에서 태어났어요. 어릴 때부터 수학과 과학을 좋아했지요. 하지만 독일의 엄격한 교육과 단체 생활은 아인슈타인에게 맞지 않았어요. 수학이나 과학 외의 과목에서 성적이 낮았던 아인슈타인은 졸업장을 받지 못했고 전기 공장을 하던 아버지의 사업도 잘 되지 않아서 이탈리아 밀라노로 가게 되었어요. 다행히 아인슈타인은 스위스에서 다시 공부를 시작했어요. 취리히연방공과대학에서 물리학과 수학 공부에 집중했고, 학교를 졸업한 뒤에는 스위스 시민이 되었어요.

　아인슈타인은 다른 사람이 생각하지 못한 새로운 방식으로 세상을 보았고, 빛과 우주의 신비를 풀기 위해 열심히 연구했어요. 이때 아인슈타인은 여러 논문을 발표했는데, 특히 〈운동하는 물체의 전기역학에 대하여〉라는 논문에서 '특수상대성이론'이라는 중요한 이론을 발표했어요. 아주 빠르게 움직이는 물체는 시간이 느리게 흐르고, 길이도 줄어요. 예를 들어, 아주 빠르게 달리는 기차 안에서는 시간이 더 느리게 가는 것처럼 느껴질 수 있어요. 이는 우리가 흔히 생각하는 시간과 공간이 고정된 것이 아니라는 뜻이에요.

　1914년 4월, 다시 독일 베를린으로 돌아온 아인슈타인은 베를린대학교에서 강의를 하며 지냈고, 아내와 아이들은 스위스에서 휴가를 즐기고 있었어요. 그런데 제1차 세계대전이 일어나 가족과 헤어지게 되었지요. 이 일로 인해 아인슈타인은 전쟁을 싫어하게 되었고, 과학뿐만 아니라 평화와 인권에도 관심을 갖게 되었어요. 아인슈타인 덕에 인류의 과학과 삶은 한층 더 발전하게 되었답니다.

질문으로 사고력 키우기 글의 내용을 떠올리며 질문을 만들어 보세요.

1단계

아인슈타인에 대해 글에서 답을 찾을 수 있는 질문을 만들어요.

질문에 대한 답을 써요.

(본문에 밑줄을 먼저 그어 놓으면 쓰기 편해요.)

2단계

누가/언제/어디서/무엇을/어떻게/왜

육하원칙을 사용해 아인슈타인에 대한 질문을 만들어요.

질문에 대한 답을 써요.

(챗GPT에 물어보거나 주변 사람과 대화한 뒤 써요.)

3단계

본문과 관련해 나 또는 우리 생활과 연결되는 질문을 만들어요.

질문에 대한 답을 써요.

(스스로 생각해서 써요.)

사고력 완성하기

다음 키워드 2~3개를 넣은 뒤 아인슈타인이 되어 자기소개하는 글을 써요. 어린이를 응원하는 말을 넣어도 좋아요.

4단계

#과학 #과학자 #공부 #평화 #인권 #인류

인물 | 동화 작가, 안데르센

 **사고력 마중하기** 글의 내용을 머릿속으로 떠올리며 소리 내어 읽어 보세요.

한스 크리스티안 안데르센은 1805년 4월, 덴마크에서 태어난 유명한 동화작가예요. 문학과 연극을 좋아했던 아버지는 어린 안데르센에게 여러 문학 작품을 읽어 주었어요. 아버지가 돌아가시자 어머니는 재혼했고, 안데르센은 초등학교를 마치지 못한 채 공장에 다녀야 했어요.

어린 나이에 힘들게 일했던 안데르센은 문학과 연극에 관심을 갖게 되었고, 14살 때는 연극 배우를 꿈꾸며 혼자 코펜하겐으로 갔습니다. 고운 목소리를 지녔던 안데르센은 덴마크 왕립 극장에 들어갔지만, 곧바로 변성기가 찾아와 그만 둬요.

이때부터 안데르센은 연극 대본을 쓰기 시작했어요. 하지만 초등학교를 제대로 마치지 못한 탓에 맞춤법이 엉망이었어요. 그러던 가운데 극단에 있던 친구가 시를 쓰길 권했고, 이때부터 시를 써요. 그의 재능을 눈여겨 본 왕립 극장 감독이 안데르센을 문법학교에 보내 주었고, 코펜하겐 대학까지 진학하게 되었답니다.

이렇게 학창 시절 크고 작은 역경을 견뎌 낸 안데르센은 해마다 크리스마스 무렵 동화집을 발표했어요. 〈인어 공주〉, 〈미운 오리 새끼〉, 〈성냥팔이 소녀〉 같은 동화를 비롯해 160여 편을 펴냈답니다. 〈인어 공주〉는 물속에서 사는 아름다운 인어가 인간 세상에서 사랑을 찾는 이야기예요. 사랑의 가치와 진정한 꿈에 대해 생각하게 해 주지요. 〈미운 오리 새끼〉는 다른 형제들과 생김새가 다르고 볼품없던 오리가 나중에 멋진 백조가 되는 이야기예요. 자신을 믿고 열심히 살아가는 것이 중요하다는 교훈을 줘요. 안데르센의 동화는 재미있을 뿐 아니라, 교훈도 있어 많은 사람에게 사랑받고 있어요.

 **질문으로 사고력 키우기** 글의 내용을 떠올리며 질문을 만들어 보세요.

1단계

안데르센에 대해 글에서 답을 찾을 수 있는 질문을 만들어요.

질문에 대한 답을 써요.

(본문에 밑줄을 먼저 그어 놓으면 쓰기 편해요.)

누가/언제/어디서/무엇을/어떻게/왜

2단계

육하원칙을 사용해 안데르센에 대한 질문을 만들어요.

질문에 대한 답을 써요.

(챗GPT에 물어보거나 주변 사람과 대화한 뒤 써요.)

3단계

본문과 관련해 나 또는 우리 생활과 연결되는 질문을 만들어요.

질문에 대한 답을 써요.

(스스로 생각해서 써요.)

사고력 완성하기 다음 키워드 2~3개를 넣어 안데르센이 더 만들어 주면 좋을 동화를 써요.

4단계

#아이 #꿈 #동화 #우정 #떡볶이 #사랑

2장 똑똑한 질문의 힘
과학

벌레는 나에게로! 식충식물

사고력 마중하기 글의 내용을 머릿속으로 떠올리며 소리 내어 읽어 보세요.

　보통 식물은 광합성*으로 양분을 얻어요. 그런데 먹이를 잡아 양분을 얻는 식물도 있어요. 바로 식충식물이에요. 벌레를 잡아먹는다고 해서 벌레잡이식물 또는 육식식물이라고도 하지요. 식충식물은 사막이나 열대우림, 늪지대 등 식물이 살기 척박하거나 다른 식물에 비해 광합성을 하기 어려운 곳에서 많이 자라요. 식충식물에는 파리지옥, 끈끈이주걱, 네펜데스 등이 있어요.
　파리지옥은 '비너스의 눈썹'이라는 별명이 있는데 잎의 생김새가 눈썹과 비슷해요. 작은 벌레가 주변에 있으면 조개처럼 포개져 있던 잎을 벌려요. 잎 속으로 벌레가 들어오면 양 잎을 닫아 벌레를 가둔 뒤 소화효소*를 분비해 녹여 먹는답니다.
　영국 의사이자 진화론자인 찰스 다윈은 파리지옥을 '세상에서 가장 놀라운 식물'이라고 부르기도 했어요. 파리지옥은 다른 식충식물에 비해 먹이를 잘 잡는 편은 아니라고 해요.
　끈끈이주걱은 잎에서 나오는 끈끈이로 벌레를 잡아요. 그리고 소화액을 분비시켜서 벌레의 영양분을 흡수하죠. 끈끈이는 아침 이슬처럼 투명하게 생겨 빛에 비치면 아름다워요.
　네펜데스는 둥근 통처럼 생겼어요. 안에는 끈적한 액체가 있고요. 향긋한 냄새를 풍겨 입구 주변으로 벌레를 유인해서 미끄러지게 하지요. 벌레가 통으로 빠지면 네펜데스의 먹이가 되는 거예요. 여러분은 어떤 식충식물을 키워 보고 싶나요?

*광합성: 식물이 빛 에너지를 이용해 이산화탄소와 수분으로 유기물을 합성하는 과정.
*소화효소: 음식물의 소화를 돕는 효소.

질문으로 사고력 키우기 글의 내용을 떠올리며 질문을 만들어 보세요.

1단계

- **식충식물에 대해 글에서 답을 찾을 수 있는 질문을 만들어요.**
  (**예시** 식충식물은 무엇을 먹을까?)

- **질문에 대한 답을 써요.**

  (본문에 밑줄을 먼저 그어 놓으면 쓰기 편해요.)

2단계

누가/언제/어디서/무엇을/어떻게/왜

육하원칙을 사용해 식충식물에 대한 질문을 만들어요.
(**예시** 식충식물은 어디서 잘 자랄까?)

질문에 대한 답을 써요.

(챗GPT에 물어보거나 주변 사람과 대화한 뒤 써요.)

3단계

본문과 관련해 나 또는 우리 생활과 연결되는 질문을 만들어요.
(**예시** 우리 집에는 어떤 식충식물이 어울릴까?)

질문에 대한 답을 써요.

(스스로 생각해서 써요.)

 사고력 완성하기

다음 키워드 2~3개를 넣어 부모님께 식충식물을 키우자고 설득하는 글을 써요.

4단계

#식충식물 #벌레 #여름 #파리지옥 #베란다

39

과학 (동물) — 신기한 생김새를 가진 동물들

 **사고력 마중하기** 글의 내용을 머릿속으로 떠올리며 소리 내어 읽어 보세요.

　세상에는 신기하고 재미있는 동물이 많아요. 예를 들어 오리너구리는 포유류(젖먹이 동물)인데도 새끼가 아닌 알을 낳아요. 오리처럼 생긴 부리와 물갈퀴, 비버 꼬리처럼 넓적한 꼬리를 가지고 있어서 헤엄을 잘 쳐요. 오리너구리는 호주에 살며, 주로 물속에서 먹이를 찾아다닙니다. 물속에서 사냥할 때는 눈을 감고 부리의 전기 신호로 먹이를 찾아요.

　또 다른 신기한 동물은 카멜레온이에요. 카멜레온은 피부색을 마음대로 바꿀 수 있어요. 주위 환경에 맞춰서 색을 바꾸기도 하고, 위험에 닥쳤을 때 색을 바꾸기도 해요. 카멜레온은 주로 나무 위에서 생활하며, 긴 혀로 곤충을 잡아먹어요. 특히 눈을 따로따로 움직일 수 있어서 한쪽 눈으로 앞을 보고 동시에 다른 쪽 눈으로는 뒤를 볼 수 있어요.

　마지막으로 소개할 신기한 동물은 깊은 바다에 사는 심해 아귀예요. 심해 아귀 머리에는 빛이 나는 긴 촉수가 있어요. 심해 아귀들은 촉수에서 나오는 빛을 이용해 어두운 바다에서 먹이를 유인한답니다. 먹이가 빛에 끌려 오면 큰 입을 벌려 잡아먹어요. 이들은 암컷과 수컷이 독특한 방법으로 살아가요. 암컷보다 크기가 작은 수컷이 암컷에게 붙어서 영양분을 공급받으며 살아가지요. 수컷이 얼마나 작냐하면 새끼가 어미 몸에 붙어 있는 것처럼 보일 정도예요. 그래서 19세기까지는 심해 아귀가 암컷만 있는 것으로 알려지기도 했어요. 암컷에 붙어 있는 수컷은 암컷의 배를 물어 피부와 혈관까지 합쳐져요. 그러다 차츰 필요 없어진 눈과 지느러미, 내장은 사라지고 아가미와 정자 주머니만 남아 수정만 돕는 기생충처럼 바뀐답니다. 정말 신기하지 않나요?

 **질문으로 사고력 키우기** 글의 내용을 떠올리며 질문을 만들어 보세요.

1단계

신기한 동물에 대해 글에서 답을 찾을 수 있는 질문을 만들어요.

질문에 대한 답을 써요.

(본문에 밑줄을 먼저 그어 놓으면 쓰기 편해요.)

누가/언제/어디서/무엇을/어떻게/왜

2단계

육하원칙을 사용해 신기한 동물에 대한 질문을 만들어요.

질문에 대한 답을 써요.

(챗GPT에 물어보거나 주변 사람과 대화한 뒤 써요.)

3단계

본문과 관련해 나 또는 우리 생활과 연결되는 질문을 만들어요.

질문에 대한 답을 써요.

(스스로 생각해서 써요.)

 사고력 완성하기   다음 키워드 2~3개를 넣어 신기한 동물을 소개하는 글을 써요.

4단계

#오리너구리 #카멜레온 #희귀동물 #심해 동물 #위장술

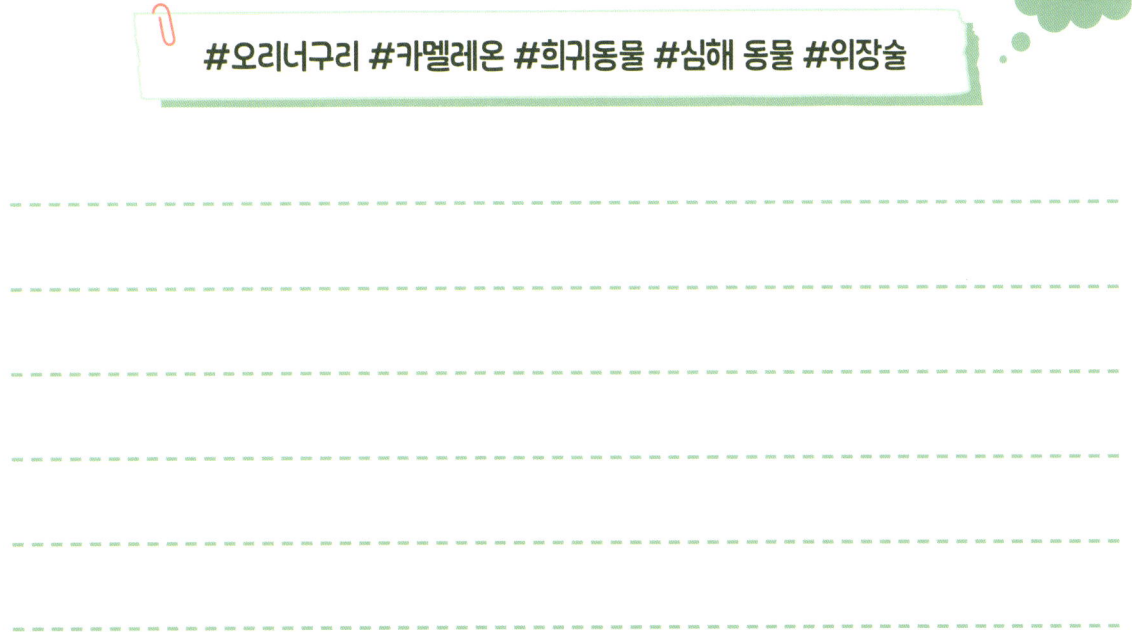

우주를 떠다니는 우주 쓰레기

사고력 마중하기 글의 내용을 머릿속으로 떠올리며 소리 내어 읽어 보세요.

우주 쓰레기는 우주에 떠다니는 버려진 인공 물체예요. 우주선 부품, 로켓 파편, 고장나거나 방치된 인공위성 등이 우주에 버려지고 있답니다. 우주 쓰레기는 크기가 아주 작은 나사부터 커다란 로켓 조각까지 다양해요. 우주 쓰레기는 지구 주위를 빠른 속도로 돌고 있어서 위험해요.

우주 쓰레기가 문제가 되는 이유는 다른 우주선이나 인공위성과 부딪칠 위험이 있기 때문이에요. 인공위성과 부딪히면 큰 피해를 입을 수 있고 또 다른 우주 쓰레기가 생겨요. 우주인과 부딪히기라도 하면 사람이 다칠 수 있어요.

지구 주위를 떠도는 우주 쓰레기는 약 6,000톤이 되는 것으로 알려져 있어요. 이것도 추적이 가능한 우주 쓰레기만 집계*한 것이에요. 우주 탐사를 진행하고 있는 각 나라들은 우주 쓰레기 위치를 추적해 우주선이 안전하게 지나갈수 있도록 길을 조정하고 있어요.

우주 쓰레기를 줄이려면 어떻게 해야 할까요? 일본항공우주국(JAXA)은 지구 주변에 돌고 있는 우주 쓰레기의 속도를 줄여 대기권으로 진입시킨 뒤 태우는 방법을 제안했어요. 그밖에 로봇 팔이나 그물을 사용한 방법, 또는 쓰레기를 작은 조각으로 부수어 안전하게 떨어뜨리는 방법 등 여러 아이디어가 나오고 있지요. 하지만 아직은 다 연구 중이에요. 어떻게 하면 안전하게 우주 쓰레기를 없앨 수 있을까요? 여러분도 한번 생각해 보세요.

*집계: 따로따로 계산한 것을 한데 모아서 계산함.

질문으로 사고력 키우기 글의 내용을 떠올리며 질문을 만들어 보세요.

1단계

우주 쓰레기에 대해 글에서 답을 찾을 수 있는 질문을 만들어요.

질문에 대한 답을 써요.

(본문에 밑줄을 먼저 그어 놓으면 쓰기 편해요.)

누가/언제/어디서/무엇을/어떻게/왜

2단계

육하원칙을 사용해 우주 쓰레기에 대한 질문을 만들어요.

질문에 대한 답을 써요.

(챗GPT에 물어보거나 주변 사람과 대화한 뒤 써요.)

3단계

본문과 관련해 나 또는 우리 생활과 연결되는 질문을 만들어요.

질문에 대한 답을 써요.

(스스로 생각해서 써요.)

 사고력 완성하기

다음 키워드 2~3개를 넣어 우주 쓰레기를 줄이는 방법에 대해 써요.

4단계

#우주 #우주 쓰레기 #우주 청소부 #인공위성 #과학

과학 (환경) 환경을 위협하는 플라스틱

 **사고력 마중하기** 글의 내용을 머릿속으로 떠올리며 소리 내어 읽어 보세요.

여러분은 플라스틱을 많이 쓰나요? 플라스틱은 우리 생활 속에 깊숙이 자리 잡은 소재예요. 플라스틱은 가볍고 튼튼해서 여러 곳에서 사용되고 있어요. 각종 문구부터 주방 용품, 생활용품 심지어 옷도 플라스틱으로 만들고 있으니 플라스틱 없는 세상은 상상하기 힘들 정도예요.

그러나 플라스틱은 환경에 많은 문제를 일으키고 있어요. 우선 잘 썩는 물건이 아니다 보니 쓰레기를 처리하기 곤란해요. 플라스틱을 태우면 공기가 오염되기도 하고, 땅에 묻으면 땅이 오염되지요. 마구 버려진 플라스틱 쓰레기가 바다를 오염시키기도 해요. 특히 바다에 사는 동물이 잘게 부숴진 플라스틱 쓰레기를 먹이로 착각해 삼키는데, 이렇게 동물 몸속에 쌓인 플라스틱은 환경뿐만 아니라 인간까지 병들게 해요.

또한 플라스틱을 만들 때 석유 같은 화석연료*를 사용하는데, 이로 인해 온실가스가 많이 나오고 있어요. 온실가스는 기후변화를 일으키는 주범*이지요.

따라서 지금부터라도 플라스틱 사용을 줄여야 해요. 우선 플라스틱 대신 사용할 수 있는 것에는 무엇이 있는지 생각해 보세요. 특히 플라스틱 빨대, 컵, 접시 등 일회용 플라스틱 제품은 더욱 사용하지 않는 것이 좋아요.

*화석연료: 지질 시대에 생물이 땅속에 묻히어 화석같이 굳어져 오늘날 연료로 이용하는 물질.
*주범: 어떤 일에 대해 좋지 않은 결과를 만드는 주된 원인.

 **질문으로 사고력 키우기** 글의 내용을 떠올리며 질문을 만들어 보세요.

1단계

플라스틱에 대해 글에서 답을 찾을 수 있는 질문을 만들어요.

질문에 대한 답을 써요.

(본문에 밑줄을 먼저 그어 놓으면 쓰기 편해요.)

과학 (화학) 다양한 모습으로 바뀌는 물질의 상태

 **사고력 마중하기** 글의 내용을 머릿속으로 떠올리며 소리 내어 읽어 보세요.

　물질은 세 가지 상태로 나뉘어요. 고체는 딱딱하고 모양이 변하지 않는 물질이에요. 예를 들어 우리가 사용하는 책, 연필, 의자 등은 고체예요. 고체는 일정한 형태를 유지하고, 손으로 잡았을 때 단단한 느낌이 들어요. 고체를 이루는 입자들은 서로 가까이 모여 있어 움직이지 않기 때문에 모양이 바뀌지 않아요.

　액체는 정해진 크기를 갖지만, 담긴 그릇의 모양에 따라 형태가 바뀌는 물질이에요. 액체의 입자들은 고체보다 조금 떨어져 있어서 자유롭게 움직일 수 있어요. 물, 주스, 우유 같은 액체는 우리가 마실 때 그 모양이 계속 변해요.

　기체는 눈에 보이지 않고, 크기도 정해져 있지 않지만, 공간을 가득 채우는 물질이에요. 공기나 풍선 속에 들어 있는 헬륨 등이 기체예요. 기체의 입자들은 서로 멀리 떨어져 있고 불규칙적이에요. 그리고 자유롭게 움직일 수 있어요. 그래서 기체는 어디든 퍼져 나갈 수 있고, 담긴 그릇의 모양에 따라 공간을 가득 채워요. 기체는 가볍고 보이지 않기 때문에, 우리가 느끼기 어렵지만 항상 주변에 있어요.

　고체, 액체, 기체는 서로의 모양으로 바뀔 수도 있어요. 얼음 같은 고체를 녹이면 액체가 되지요. 액체를 끓이면 기체가 돼요. 반대로 액체를 얼리면 고체 상태인 얼음으로 변하지요. 기체는 다른 물질로 변하지 않냐고요? 수증기 같은 기체가 물처럼 액체 상태로 바뀌기도 해요. 이것을 액화라고 하지요. 이처럼 물질은 조건에 따라 다양한 상태로 변해요.

 **질문으로 사고력 키우기** 글의 내용을 떠올리며 질문을 만들어 보세요.

1단계

- 물질의 상태에 대해 글에서 답을 찾을 수 있는 질문을 만들어요.

- 질문에 대한 답을 써요.

(본문에 밑줄을 먼저 그어 놓으면 쓰기 편해요.)

누가/언제/어디서/무엇을/어떻게/왜

2단계

육하원칙을 사용해 물질의 상태에 대한 질문을 만들어요.

질문에 대한 답을 써요.

(챗GPT에 물어보거나 주변 사람과 대화한 뒤 써요.)

3단계

본문과 관련해 나 또는 우리 생활과 연결되는 질문을 만들어요.

질문에 대한 답을 써요.

(스스로 생각해서 써요.)

사고력 완성하기 다음 키워드 2~3개를 넣어 오늘 만난 고체, 액체, 기체에 대해 써요.

4단계

#얼음 #물 #공기 #수증기 #아이스크림 #책상

과학 (인체)
소중한 우리 몸

 **사고력 마중하기** 글의 내용을 머릿속으로 떠올리며 소리 내어 읽어 보세요.

우리 몸은 어떤 신체 기관으로 이루어져 있을까요? 가장 먼저 머리에는 우리 몸에 명령을 내리는 뇌가 있어요. 뇌는 생각하고 기억하는 일을 해요. 뇌는 머릿속에 들어 있으며, 성인의 뇌는 약 1.5킬로그램 정도 돼요. 머리에는 또 어떤 신체 부위가 있나요? 눈과 코, 입, 귀가 있어요. 눈은 보고, 코는 냄새를 맡아요. 입은 음식을 먹고 말하는 일을 해요. 귀는 소리를 듣지요.

이제 몸통으로 가 볼까요? 몸통 안에는 심장과 폐, 간, 위, 장 등이 있어요. 심장은 혈액이 몸을 순환할 수 있도록 돕고, 산소와 영양소를 공급해 주어요. 폐는 산소를 마시고, 몸속 이산화탄소를 내뿜는 역할을 하지요. 간은 생명을 유지하는 데 필요한 분해, 합성* 같은 화학 작용을 해요. 나쁜 독을 걸러 주는 역할을 하지요. 위는 음식물을 소화시키며, 장은 소화된 음식물의 영양소를 흡수하고, 찌꺼기는 배출*하게 만들어 줘요.

몸통에 있는 팔과 다리는 우리가 움직이는 데 도움을 주어요. 팔은 물건을 집거나 움직이는 데 사용하고, 다리는 걸어 다닐 때 필요해요.

이 외에도 몸속의 여러 장기와 뼈, 혈액 등이 우리 몸을 이루고 있어요. 살아가는 데 모두 꼭 필요한 기관들이에요. 건강하게 살기 위해서는 평소 균형 잡힌 식사를 해야 하고, 충분히 자야 해요. 또 규칙적으로 운동해서 근육을 튼튼하게 만드는 것도 중요하답니다.

*합성: 생물이 얻은 에너지를 이용해 새롭게 살아 있는 화합물을 만듦. 또는 그런 작용.
*배출: 안에서 밖으로 밀어 내보냄.

 **질문으로 사고력 키우기** 글의 내용을 떠올리며 질문을 만들어 보세요.

1단계

우리 몸에 대해 글에서 답을 찾을 수 있는 질문을 만들어요.

질문에 대한 답을 써요.

(본문에 밑줄을 먼저 그어 놓으면 쓰기 편해요.)

2단계

누가 / 언제 / 어디서 / 무엇을 / 어떻게 / 왜

육하원칙을 사용해 우리 몸에 대한 질문을 만들어요.

질문에 대한 답을 써요.

(챗GPT에 물어보거나 주변 사람과 대화한 뒤 써요.)

3단계

본문과 관련해 나 또는 우리 생활과 연결되는 질문을 만들어요.

질문에 대한 답을 써요.

(스스로 생각해서 써요.)

사고력 완성하기

다음 키워드 2~3개를 넣어 우리 몸에게 고마움을 전하는 편지글을 써요.

4단계

#뇌 #눈 #다리 #생각 #보다 #걷다

과학 (환경) 보이지 않는 미세먼지

 **사고력 마중하기** 글의 내용을 머릿속으로 떠올리며 소리 내어 읽어 보세요.

　미세먼지는 우리 주변에 떠다니는 매우 작은 먼지예요. 지름이 $10\mu m$(마이크로미터) 이하인 먼지를 미세먼지라고 하고, $2\mu m$ 이하는 초미세먼지라고 해요. 얼마나 작은지 잘 느껴지지 않는다고요? 사람의 머리카락을 반 잘라 동그라미처럼 보일 때까지 확대했을 때, 원 지름이 $70\mu m$예요. 미세먼지는 머리카락의 1/7 크기밖에 되지 않지요. 그래서 미세먼지는 눈에 보이지 않지만 대기를 가득 채워 자동차나 나뭇잎 위에 쌓이기도 해요.

　또한 미세먼지는 사람이 숨쉴 때 공기와 함께 사람 몸에 들어와요. 미세먼지는 일반 먼지와 다르게 사람의 폐 깊숙이 들어간답니다. 특히나 미세먼지 속에 포함된 중금속과 오염 물질이 각종 호흡기 질환을 일으키지요. 또 미세먼지가 한번 몸에 들어오면 웬만해서는 몸 밖으로 빠져나가지 않기 때문에 처음부터 미세먼지에 닿지 않는 것이 중요해요.

　미세먼지 농도가 '좋음'일 때는 외출해도 좋아요. '보통'일 때는 자유롭게 외출하되 체질이 예민한 사람은 몸 상태에 따라 조심해야 해요. '나쁨'일 때는 오랜 시간 외출하는 것은 자제하고, 밖에 나가야 할 경우 마스크를 써요. 천식을 앓고 있는 경우 흡입기를 자주 사용해야 하지요. '매우 나쁨'일 때는 되도록 밖에 나가지 말고 집에서 시간을 보내요.

　한편 정부와 환경 단체들은 미세먼지를 줄이기 위해 다양한 노력을 하고 있어요. 우리도 일상생활에서 가능한 작은 일부터 시작해서 미세먼지를 줄이는 데 기여할 수 있어요. 차 타는 횟수를 줄이고 대중교통을 이용하거나, 재활용을 잘하면 환경에도 도움이 되고 미세먼지도 줄일 수 있답니다.

 **질문으로 사고력 키우기** 글의 내용을 떠올리며 질문을 만들어 보세요.

1단계

- 미세먼지에 대해 글에서 답을 찾을 수 있는 질문을 만들어요.

- 질문에 대한 답을 써요.

　(본문에 밑줄을 먼저 그어 놓으면 쓰기 편해요.)

누가/언제/어디서/무엇을/어떻게/왜

2단계

육하원칙을 사용해 미세먼지에 대한 질문을 만들어요.

질문에 대한 답을 써요.

(챗GPT에 물어보거나 주변 사람과 대화한 뒤 써요.)

3단계

본문과 관련해 나 또는 우리 생활과 연결되는 질문을 만들어요.

질문에 대한 답을 써요.

(스스로 생각해서 써요.)

사고력 완성하기

다음 키워드 2~3개를 넣어 미세먼지 주의 안내문을 써요.

4단계

#미세먼지 #공기 #마스크 #실내 활동 #환경

과학 (물리) 여러 가지 힘

 **글의 내용을 머릿속으로 떠올리며 소리 내어 읽어 보세요.**

힘은 무엇일까요? "우리 반 수현이는 힘이 세." 할 때처럼 '힘'은 인체가 활동할 때 내는 커다란 움직임만 생각하게 되지요?

힘이란 물체를 움직이게 하거나 형태를 변화시키는 데 필요한 에너지를 말해요. 가장 먼저 우리가 물건을 들어 올릴 때 사용하는 힘을 생각해 볼 수 있어요. 물체를 들어 올릴 때, 물체가 무겁거나 높은 곳에 있을수록 더 많은 힘이 필요해요. 책 한 권을 들 때보다 책 열 권을 들 때 더 많은 힘이 들지요? 물체를 바로 앞에 두는 것보다, 높은 선반에 올릴 때 더 많은 힘이 필요하고요. 그래서 눈에는 보이지 않지만 힘에도 크기와 방향이 있어요. 고무줄을 당기면 팽팽해지고, 납작하게 눌려 있던 용수철에서 손을 떼면 튕겨 나가는 것은 힘이 작용하고 있기 때문이에요.

움직이는 물체의 속도를 바꾸거나 멈추게 할 때도 힘이 필요해요. 또한 약한 물체와 강한 물체가 서로 영향을 줄 때도 힘의 크기가 달라요. 두 개의 차가 부딪혔을 때 차의 단단함이나 크기에 따라 각 차의 힘만큼 서로에게 작용해요. 트럭과 작은 소형차가 부딪혔을 때 소형차가 더 많이 찌그러지는 것은 트럭의 힘의 크기가 더 세기 때문이에요.

힘에는 여러 종류가 있어요. 지구가 물체를 잡아당기는 힘인 중력, 물체가 어떤 면과 닿아 그 물체의 움직임을 방해하는 마찰력, 탄성을 가진 물체가 원래대로 되돌아가려는 탄성력, 전기를 띤 물체 사이의 힘인 전기력, 자성을 가진 물체가 서로 밀거나 당기는 자기력이 있답니다.

 **글의 내용을 떠올리며 질문을 만들어 보세요.**

1단계

- 여러 가지 힘에 대해 글에서 답을 찾을 수 있는 질문을 만들어요.

- 질문에 대한 답을 써요.

- (본문에 밑줄을 먼저 그어 놓으면 쓰기 편해요.)

누가/언제/어디서/무엇을/어떻게/왜

2단계

육하원칙을 사용해 힘과 힘의 종류에 대한 질문을 만들어요.

질문에 대한 답을 써요.

(챗GPT에 물어보거나 주변 사람과 대화한 뒤 써요.)

3단계

본문과 관련해 나 또는 우리 생활과 연결되는 질문을 만들어요.

질문에 대한 답을 써요.

(스스로 생각해서 써요.)

사고력 완성하기

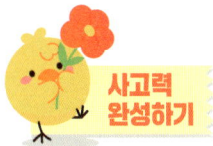

다음 키워드 2~3개를 넣어 힘이 필요한 순간을 설명해요.

4단계

#미는 힘 #당기는 힘 #책상 옮기기 #문 열기 #들기

과학 (IT과학) : 미래의 정보 통신 기술

 **사고력 마중하기** 글의 내용을 머릿속으로 떠올리며 소리 내어 읽어 보세요.

　지금 초등학생 친구들은 컴퓨터, 인터넷, 스마트폰 등 정보 통신이 발달한 상태에서 태어났어요. 그래서 '디지털 네이티브(원주민)'라고 부르기도 해요. 하지만 정보 통신의 발달은 여기서 끝이 아니에요. 미래의 정보 통신 기술(IT)은 더욱 놀라운 변화를 겪을 거예요!

　첫째, 더 빠르고 강력한 양자 컴퓨터가 생겨요. 지금의 컴퓨터가 굉장히 발전한 것처럼 보이지만 아직도 풀지 못하는 문제들이 있어요. 하지만 양자 컴퓨터는 컴퓨터 과학, 수학은 물론 인간과 컴퓨터가 풀지 못한 물리학 문제까지 풀 수 있을 거예요. 컴퓨터를 통해 인간이 풀지 못한 과학을 개척하게 되지요. 아직 연구 단계에 있고, 일상에서 쓰기까지 시간이 걸리겠지만, 계속 연구 중이니 머지 않아 쓸 수 있게 되겠지요?

　둘째, 인공지능(AI)이 더욱 더 발전할 거예요. 인공지능은 스스로 학습하고 문제를 해결할 수 있는 능력이 있어요. 2024년 11월부터 새벽에 출근하는 사람들을 위한 자율 주행 버스가 운행하기 시작했어요. 자율 주행은 운전자 없이 인공지능이 도로 상황을 살펴 스스로 차를 운전하지요. 드론이나 로봇도 더욱 발전할 테고 일상에서 누구나 인공지능을 이용해 공부하거나 일하게 될 거예요.

　셋째, 가상현실(VR)과 증강현실(AR)도 더 많이 발전할 거예요. 이런 기술들은 게임뿐만 아니라 교육이나 의료 분야에서도 많이 활용할 수 있지요. 미래의 정보 통신 기술은 우리 생활을 더욱 편리하게 만들어 주어요. 하지만 반대로 부정적인 영향이 있을 수 있어요. 기술의 발전이 우리에게 어떠한 영향을 끼칠지 생각해 보세요.

 **질문으로 사고력 키우기** 글의 내용을 떠올리며 질문을 만들어 보세요.

1단계

미래의 정보 통신 기술에 대해 글에서 답을 찾을 수 있는 질문을 만들어요.

질문에 대한 답을 써요.

(본문에 밑줄을 먼저 그어 놓으면 쓰기 편해요.)

2단계

누가/언제/어디서/무엇을/어떻게/왜

육하원칙을 사용해 미래 정보 통신 기술에 대한 질문을 만들어요.

―――――――――――――――――――――――――――――――――

질문에 대한 답을 써요.

―――――――――――――――――――――――――――――――――

(챗GPT에 물어보거나 주변 사람과 대화한 뒤 써요.)

3단계

본문과 관련해 나 또는 우리 생활과 연결되는 질문을 만들어요.

―――――――――――――――――――――――――――――――――

질문에 대한 답을 써요.

―――――――――――――――――――――――――――――――――

(스스로 생각해서 써요.)

사고력 완성하기

다음 키워드 2~3개를 넣어 정보 통신 기술이 더 발전한 미래 사회를 상상해서 써요.

4단계

#미래 #가상현실 #가상 수술 #여행 #인체 스마트폰

―――――――――――――――――――――――――――――――――
―――――――――――――――――――――――――――――――――
―――――――――――――――――――――――――――――――――
―――――――――――――――――――――――――――――――――
―――――――――――――――――――――――――――――――――

챗GPT를 활용하는 어린이

사고력 마중하기 글의 내용을 머릿속으로 떠올리며 소리 내어 읽어 보세요.

여러분은 챗GPT(ChatGPT)를 알고 있나요? 챗GPT란 OpenAI(오픈에이아이)라는 회사에서 개발한 대화형 인공지능 모델이에요. 어떤 질문을 입력하면 인공지능에 저장되어 있는 수많은 자료 속에서 질문과 가장 가까운 답을 찾아 정리해 주지요. 챗GPT는 계속해서 업데이트되기 때문에 대답의 정확도가 점점 높아지고, 깊어지고 있어요. 그래서 요즘 많은 학생이 숙제할 때 챗GPT를 활용한다고 해요. 챗GPT를 어떻게 활용하냐고요?

첫째, 숙제나 공부할 때 챗GPT에게 질문하고 설명을 듣는 것이 도움 될 수 있어요. 수학 문제를 풀다가 모르는 것이 생겼을 때 챗GPT에게 질문을 하고 답변을 받을 수 있지요. 과외 선생님이 따로 필요 없겠지요?

둘째, 새로운 지식을 배우는 데 도움이 돼요. 챗GPT에게 흥미로운 주제에 대해 물어보고, 관련된 정보를 얻어서 더 많이 배울 수 있어요. 예를 들어 기타가 배우고 싶은데 어떤 준비를 해야 할지, 기타는 어떻게 치는지 물어볼 수 있어요. 세상에서 가장 신기한 동물에 대해 궁금하다면 챗GPT에게 물어보고 새로운 사실을 알아갈 수 있어요.

셋째, 챗GPT를 사용해 창의적으로 문제 해결할 수도 있어요. 챗GPT에게 질문을 하고, 새로운 아이디어를 생각하는 데 도움을 받는 거죠. 예를 들어, "어떻게 하면 친구들과 재미있는 게임을 만들 수 있을까?"와 같은 질문을 하면 챗GPT가 도움을 줄 수 있어요. 이제 많은 지식을 머릿속에 넣는 것보다 폭넓은 문제 해결을 위해 창의적으로 질문해야 하는 시대가 온 거예요.

질문으로 사고력 키우기 글의 내용을 떠올리며 질문을 만들어 보세요.

1단계

챗GPT에 대해 글에서 답을 찾을 수 있는 질문을 만들어요.

질문에 대한 답을 써요.

(본문에 밑줄을 먼저 그어 놓으면 쓰기 편해요.)

누가/언제/어디서/무엇을/어떻게/왜

2단계

육하원칙을 사용해 챗GPT에 대한 질문을 만들어요.

질문에 대한 답을 써요.

(챗GPT에 물어보거나 주변 사람과 대화한 뒤 써요.)

3단계

본문과 관련해 나 또는 우리 생활과 연결되는 질문을 만들어요.

질문에 대한 답을 써요.

(스스로 생각해서 써요.)

사고력 완성하기

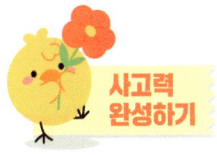

다음 키워드 2~3개를 넣어 챗GPT를 활용할 나만의 방법을 써요.

4단계

#숙제 #지식 #영어 #공부 #친구 관계 #대화

3장 똑똑한 질문의 힘
문화·역사

푸바오는 왜 다시
중국으로 갔을까?

김치는 언제부터
먹었을까?

고인돌은
누구의 무덤일까?

문화·역사 — 한국인의 대표 간식, 떡볶이

 **사고력 마중하기** 글의 내용을 머릿속으로 떠올리며 소리 내어 읽어 보세요.

떡볶이는 우리나라 남녀노소 누구나 좋아하는 인기 있는 간식이에요. 특히 매운 것을 좋아하는 사람에게 인기가 많아요. 요즘은 외국인도 우리나라 음식, K-푸드에 관심이 많아지면서 떡볶이를 먹기 시작했어요. 떡볶이는 쌀이나 밀가루로 만든 떡과 어묵, 매콤한 고추장 소스를 넣고 물에 끓여서 만들어요. 떡은 쫄깃쫄깃하고, 소스는 매콤하면서도 달콤해요. 어묵과 채소를 넣으면 더 맛있고 영양가도 높아져요.

사실 떡볶이는 조선 시대 궁중에서 먹는 요리였어요. 궁중에서 먹던 떡볶이는 소고기와 표고버섯, 당근, 홍고추 들을 넣은 건강 음식이었어요. 그러다 1950년대부터 고추장을 넣은 떡볶이가 등장했지요. 떡볶이는 주로 분식집에서 팔고 길거리에서 팔기도 해요. 학교가 끝나고 친구들과 함께 먹으면 더욱 맛있어요.

떡볶이는 집에서도 쉽게 만들 수 있어요. 만드는 방법도 크게 어렵지 않아요. 먼저 떡볶이 떡을 끓는 물에 넣고 익혀요. 그런 다음 고추장, 설탕, 간장, 물을 섞어 만든 소스를 넣고 함께 끓여요. 여기에 어묵과 파를 넣으면 맛있는 떡볶이가 완성돼요. 만드는 방법도 간단하고, 재료도 쉽게 구할 수 있어서 집에서 자주 만들어 먹을 수 있어요. 또 좋아하는 재료를 넣고 취향껏 만들 수 있지요. 치즈 떡볶이, 로제 떡볶이, 해산물 떡볶이 등 여러 가지 맛을 즐길 수 있답니다. 그래서 파티에도 거의 빠지지 않은 음식이에요. 만드는 방법도 쉽고 맛있는 떡볶이! 우리나라 대표 간식으로, 많은 사람의 사랑을 받고 있답니다.

 **질문으로 사고력 키우기** 글의 내용을 떠올리며 질문을 만들어 보세요.

1단계

떡볶이에 대해 글에서 답을 찾을 수 있는 질문을 만들어요.
(**예시** 떡볶이에 들어가는 재료는 무엇일까?)

질문에 대한 답을 써요.

(본문에 밑줄을 먼저 그어 놓으면 쓰기 편해요.)

누가/언제/어디서/무엇을/어떻게/왜

2단계

육하원칙을 사용해 떡볶이에 대한 질문을 만들어요.
(**예시** 떡볶이는 언제부터 먹기 시작했을까?)

질문에 대한 답을 써요.

(챗GPT에 물어보거나 주변 사람과 대화한 뒤 써요.)

3단계

본문과 관련해 나 또는 우리 생활과 연결되는 질문을 만들어요.
(**예시** 엄마가 처음 해 준 떡볶이 맛은 어땠을까?)

질문에 대한 답을 써요.

(스스로 생각해서 써요.)

 **사고력 완성하기** 다음 키워드 2~3개를 넣어 가장 맛있게 먹었던 떡볶이를 소개하는 글을 써요.

4단계

#떡볶이 #순대 #단무지 #어묵 #매콤

61

우리나라 전통 음식, 김치

사고력 마중하기 글의 내용을 머릿속으로 떠올리며 소리 내어 읽어 보세요.

김치는 우리나라 전통 음식이에요. 배추나 무 같은 채소에 양념을 해서 만드는 발효식품이지요. 발효식품이란 효모나 젖산균 따위의 미생물 발효 작용을 활용해 만든 식품이에요. 발효식품에는 유산균이 들어 있어서 김치를 먹으면 장이 건강해지고, 면역력도 튼튼해져요. 또한 비타민 A, C 등 다양한 영양소도 들어 있어 몸을 건강하게 하지요. 몸에 좋은 김치를 어떻게 만드는지 알아볼까요? 먼저 채소를 소금에 절인 뒤 고춧가루, 마늘, 생강, 새우젓, 멸치액젓 등 다양한 양념을 버무려서 만들어요.

김치는 지역마다 재배하는 특산물이 다르기 때문에 재료에 따라 맛도 조금씩 달라요. 전라도에서 만든 김치는 양념이 풍부하고 근처에 바다가 있어서 해산물을 많이 넣어요. 그래서 진한 맛이 나지요. 반면에 경상도에서 만든 김치는 좀 더 담백하고 깔끔한 맛이 난답니다. 그 외 충청도에는 나박김치, 호박 김치 등이 있고 거제도에는 삼치 김치, 제주도에는 전복 김치가 있어요. 평안도에는 가지 김치, 함경도는 생태나 굴 등 기름기 없는 해산물을 넣어 만든 대구 깍두기도 있답니다.

김치는 그 자체로도 맛있지만 다른 요리에도 다양하게 활용할 수 있어요. 김치찜, 김치찌개, 김치볶음밥 등 김치로 만들 수 있는 음식은 매우 다양해요. 우리나라 김치가 외국으로도 수출 되고 있으며, 미국에서는 '김치의 날'까지 정해 기념하고 있답니다.

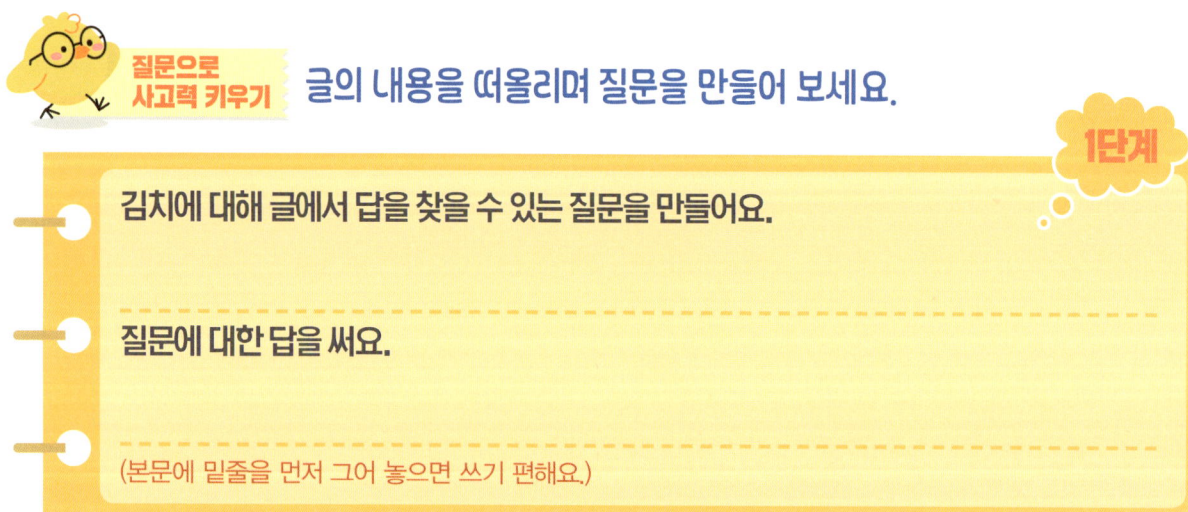

> 누가/언제/어디서/무엇을/어떻게/왜

2단계

○ 육하원칙을 사용해 김치에 대한 질문을 만들어요.

○ 질문에 대한 답을 써요.

○ (챗GPT에 물어보거나 주변 사람과 대화한 뒤 써요.)

3단계

○ 본문과 관련해 나 또는 우리 생활과 연결되는 질문을 만들어요.

○ 질문에 대한 답을 써요.

○ (스스로 생각해서 써요.)

사고력 완성하기

다음 키워드 2~3개를 넣어 김치를 자랑하는 글을 써요.

4단계

#김치 #영양소 #면역력 #발효식품 #미생물 #소화

| 문화·역사 | **배우기 쉽고 과학적인 우리 한글** |

 **사고력 마중하기** 글의 내용을 머릿속으로 떠올리며 소리 내어 읽어 보세요.

　한글은 훈민정음을 바탕으로 우리나라에서 개발한 독창적인 문자입니다. 훈민정음은 1443년, 세종 대왕이 만들었어요. 당시에는 중국에서 들여온 한자를 사용했기 때문에 한자를 따로 배우지 못한 백성들은 글을 알기가 어려웠지요. 이런 점을 안타깝게 여긴 세종은 '백성을 가르치는 바른 소리'라는 뜻의 훈민정음을 만들었습니다.

　훈민정음을 만들 당시에는 28개의 낱자로 이루어져 있었어요. 자음과 모음을 조합하면 글자가 되는 편리하고, 혁신*적인 문자를 발명한 것이지요. 이후 국어학자인 주시경 선생이 훈민정음을 자음 14개, 모음은 10개, 총 24자로 다듬으며 한글 표기법을 통일하고 문법을 정리했어요.

　훈민정음의 자음은 발음 기관의 모양을 본떠 만들었어요. 모음은 천지인, 즉 하늘, 땅, 사람을 본떠 만들어 자연과 조화를 이루고 있지요. 훈민정음을 다듬어 만든 한글은 창의적이기도 하고 논리성 또한 뛰어나다는 평가를 받고 있답니다.

　유네스코는 한글의 바탕이 되는 훈민정음의 우수성과 독창성을 인정해 만든 원리와 역사적 기록이 담긴 훈민정음 해례본을 세계기록유산으로 지정했어요. 한편 우리나라는 10월 9일을 한글날로 지정해 해마다 한글의 우수성과 발전을 기념하고 있답니다.

*혁신: 묵은 풍속, 관습, 조직, 방법 따위를 완전히 바꾸어 새롭게 함.

 **질문으로 사고력 키우기** 글의 내용을 떠올리며 질문을 만들어 보세요.

1단계

- 한글에 대해 글에서 답을 찾을 수 있는 질문을 만들어요.

- 질문에 대한 답을 써요.

(본문에 밑줄을 먼저 그어 놓으면 쓰기 편해요.)

↳ 누가/언제/어디서/무엇을/어떻게/왜

2단계

- 육하원칙을 사용해 한글에 대한 질문을 만들어요.

- 질문에 대한 답을 써요.

- (챗GPT에 물어보거나 주변 사람과 대화한 뒤 써요.)

3단계

- 본문과 관련해 나 또는 우리 생활과 연결되는 질문을 만들어요.

- 질문에 대한 답을 써요.

- (스스로 생각해서 써요.)

사고력 완성하기 다음 키워드 2~3개를 넣어 한글을 소개하는 글을 써요.

4단계

#한글 #세종 대왕 #주시경 #독창성 #세계기록유산

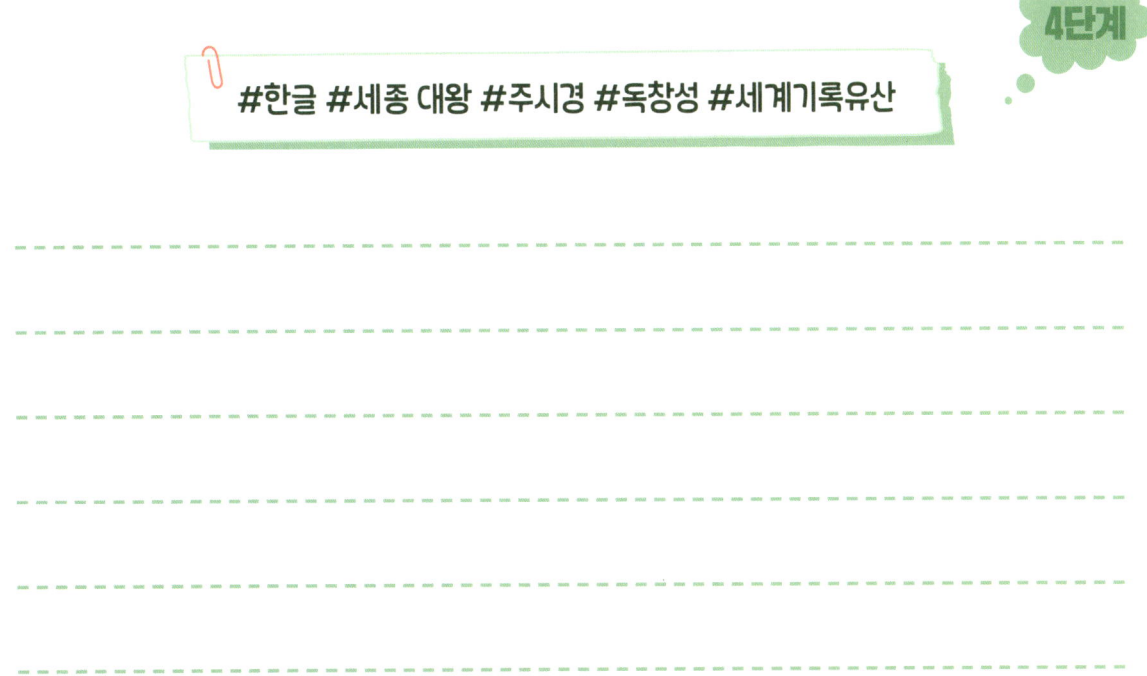

문화·역사: 중국의 판다 외교

사고력 마중하기 글의 내용을 머릿속으로 떠올리며 소리 내어 읽어 보세요.

'판다 외교'란 중국이 자신들의 힘을 상징하는 자이언트 판다를 다른 나라와의 관계를 위한 수단으로 사용하는 것을 말해요. 판다를 다른 나라에 선물하거나 빌려 주는 방식입니다. 중국이 다른 나라와의 관계를 더 좋게 지속하고자 교류하는 것이 첫 번째 목적이에요. 중국의 판다 외교는 1941년부터 시작돼 1950년 대부터 본격적으로 시작되었어요.

당시 중국은 소련, 북한 등 사회주의 나라에 판다를 선물하며 관계를 더 좋게 만들고자 노력했어요. 이후 1970년 대에는 미국, 일본 등의 나라에 판다를 보내면서 일반 대중도 판다에 높은 관심을 보였어요.

1972년에는 미국 대통령 리처드 닉슨이 미국 대통령 최초로 중국을 방문했는데, 이는 오랫동안 관계가 단절되어 있던 두 나라의 관계를 정상화시키기 위한 역사적 사건이었지요. 중국은 미국과 좋은 관계를 유지하려고 판다 두 마리를 선물했어요. 판다는 중국에서만 사는 희귀한 동물인데다가 생김새와 하는 짓이 귀여워서 인기가 매우 높아요.

지금은 판다를 선물하는 대신 빌려 주는 방식으로 바뀌었어요. 보통 계약을 통해서 10년간 판다를 빌려 주고 있어요. 이를 통해 중국은 해마다 많은 돈을 벌고 있답니다. 판다가 중국을 상징하는 동물로 홍보 역할을 하고 있는 거예요. 더불어 판다를 빌려 준 나라와 함께 판다를 번식*시키고, 보호하기 위해 같이 연구하기도 해요.

*번식: 붇고 늘어서 많이 퍼짐.

질문으로 사고력 키우기 글의 내용을 떠올리며 질문을 만들어 보세요.

1단계

판다 외교에 대해 글에서 답을 찾을 수 있는 질문을 만들어요.

질문에 대한 답을 써요.

(본문에 밑줄을 먼저 그어 놓으면 쓰기 편해요.)

누가/언제/어디서/무엇을/어떻게/왜

2단계

육하원칙을 사용해 판다 외교에 대한 질문을 만들어요.

질문에 대한 답을 써요.

(챗GPT에 물어보거나 주변 사람과 대화한 뒤 써요.)

3단계

본문과 관련해 나 또는 우리 생활과 연결되는 질문을 만들어요.

질문에 대한 답을 써요.

(스스로 생각해서 써요.)

 사고력 완성하기

다음 키워드 2~3개를 넣어 판다 외교에 대한 의견을 써요.

4단계

#판다 #중국 #상징 #외교 #판다의 매력

여기도 저기도 키오스크

사고력 마중하기 글의 내용을 머릿속으로 떠올리며 소리 내어 읽어 보세요.

여러분은 키오스크를 본 적이 있나요? 요즘은 무인 문구점이나 패스트푸드점 등에서 키오스크를 쉽게 볼 수 있어요. 키오스크는 사람들이 정보나 서비스를 쉽게 이용하도록 만들어진 무인 단말기예요. 주로 화면을 눌러서 필요한 정보를 찾거나, 서비스를 이용해요. 공항이나 기차역, 쇼핑몰, 식당 등 다양한 곳에서 볼 수 있지요. 티켓을 사거나 정보를 안내받거나, 음식을 주문하는 등 여러 용도로 사용되고 있답니다. 키오스크(Kiosk)는 신문이나 사탕을 파는 작은 가게를 뜻하는 단어였어요. 사람이 물건을 팔고 돈을 받는 대신 무인 단말기가 그 자리를 대신하게 된 셈이지요.

키오스크의 가장 큰 장점은 편리한 사용법이에요. 예를 들어 식당에서 키오스크를 통해 손님이 직접 메뉴를 고르고, 주문할 수 있어요. 손님은 기다리는 시간을 줄일 수 있고, 식당 입장에서는 직원을 덜 두어도 되기 때문에 인건비를 아낄 수 있지요. 공항이나 기차역 등에서도 키오스크로 티켓을 받으면 시간을 절약할 수 있어요.

키오스크는 다양한 기술이 더해져 점점 더 발전하고 있는데요, 예를 들어 인공지능 기술을 이용해 사용자에게 딱 맞는 서비스를 추천해 주기도 하고, 여러 언어가 입력되어 있어 다른 나라 사람이 언어의 어려움 없이 사용할 수 있어요. 하지만 키오스크를 어려워하는 사람도 있어요. 일부 노인은 키오스크 사용법이 어려워 직원의 도움을 받기도 해요. 또 키가 작은 어린이에게는 키오스크가 너무 높은 곳에 위치해 있어 불편하기도 하지요. 아직 고쳐야 할 점이 많이 남아 있어요.

질문으로 사고력 키우기 글의 내용을 떠올리며 질문을 만들어 보세요.

1단계

키오스크에 대해 글에서 답을 찾을 수 있는 질문을 만들어요.

질문에 대한 답을 써요.

(본문에 밑줄을 먼저 그어 놓으면 쓰기 편해요.)

문화·역사: 구석기 도구, 주먹도끼

 **사고력 마중하기** 그림을 보고 글을 소리 내어 읽어 보세요.

　주먹도끼는 선사 시대(자료가 전혀 없는 시대로 석기 시대와 청동기 시대.) 중에서도 구석기 시대부터 사용한 도구예요. 한 손에 돌을 쥘 수 있게 만들었어요. 주로 사냥이나 열매 따기, 나무를 다듬는 데 사용했답니다. 한 손으로 뭉툭한 부분을 잡아 사용했는데, 그래서 이름도 주먹도끼예요. 구석기 시대 사람들은 숲이나 동굴에 살았어요. 열매를 따 먹거나 동물을 사냥해야 먹고 살 수 있었지요. 그래서 돌의 한쪽 끝을 뾰족하게 다듬은 주먹도끼를 발명했어요. 유럽, 아프리카에서 발견됐고, 우리나라는 경기도 연천군 전곡리에서 출토되었어요.

1단계

본문을 읽고 떠오르는 단어 3개를 써요.

| 주먹 | | |

(본문에 나오지 않은 단어도 괜찮아요.)

질문으로 사고력 키우기

누가/언제/어디서/무엇을/어떻게/왜

2단계

육하원칙을 사용해 주먹도끼에 대한 질문을 만들어요.
(**예시** 주먹도끼는 언제 사용한 물건일까?)

질문에 대한 답을 써요.

(챗GPT에 물어보거나 주변 사람과 대화한 뒤 써요.)

3단계

본문과 관련해 나 또는 우리 생활과 연결되는 질문을 만들어요.
(**예시** 나에게 주먹도끼가 있었다면 무엇을 했을까?)

질문에 대한 답을 써요.

(스스로 생각해서 써요.)

사고력 완성하기

다음 키워드 2~3개를 넣어 주먹도끼를 사용했던 선사인의 일기를 상상해서 써요.

4단계

#주먹도끼 #사냥 #열매 #가족 #식사

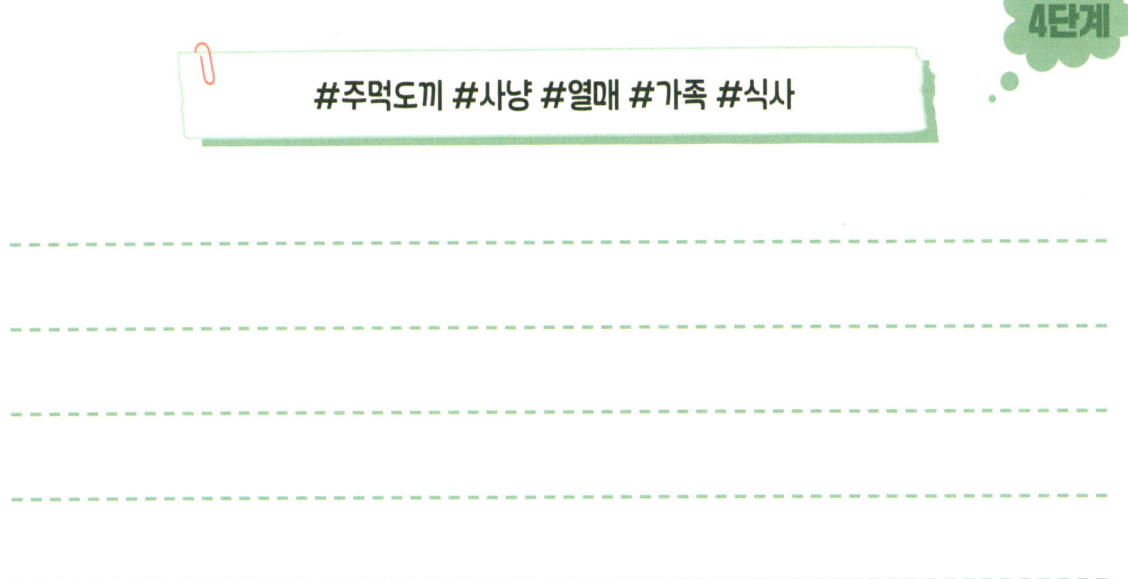

| 문화·역사 |

신석기 도구, 빗살무늬토기

 그림을 보고 글을 소리 내어 읽어 보세요.

　빗살무늬토기는 신석기 시대에 만들어진 독특한 모양의 그릇이에요. 토기 겉면에 빗살이나 물결 무늬가 새겨져 있어서 '빗살무늬토기'라고 부르게 되었어요. 곡물을 담아 두는 데 사용했어요. 신석기인들은 주로 강가에 살았기 때문에 그릇을 흙바닥에 꽂아 두어야 했아요. 그래서 아랫부분이 뾰족해요. 빗살무늬토기는 우리 조상들이 어떤 도구를 사용하고 어떻게 생활했는지 알려 주는 중요한 유물이에요.

1단계

본문을 읽고 떠오르는 단어 3개를 써요.

(본문에 나오지 않은 단어도 괜찮아요.)

질문으로 사고력 키우기

누가/언제/어디서/무엇을/어떻게/왜

2단계

육하원칙을 사용해 빗살무늬토기에 대한 질문을 만들어요.

질문에 대한 답을 써요.

(챗GPT에 물어보거나 주변 사람과 대화한 뒤 써요.)

3단계

본문과 관련해 나 또는 우리 생활과 연결되는 질문을 만들어요.

질문에 대한 답을 써요.

(스스로 생각해서 써요.)

사고력 완성하기

다음 키워드 2~3개를 넣어 빗살무늬토기를 사용하는 신석기인의 일기를 상상해서 써요.

4단계

#빗살무늬토기 #농사 #곡식 #저장 #음식

| 문화·역사 | **청동기 도구, 비파형 단검** |

 그림을 보고 글을 소리 내어 읽어 보세요.

   비파형 단검은 고조선 시대에 청동으로 만든 칼이에요. 칼의 모양이 악기 비파를 닮아서 '비파형 단검'이라고 불려요. 비파형 단검은 날이 넓고 끝이 뾰족하며, 주로 힘을 가진 부족의 족장이 사용했어요. 무기로 쓰거나 하늘에 제를 지낼 때 의식용으로 사용했답니다. 비파형 단검은 고조선 사람들의 뛰어난 청동 기술을 보여 주며, 당시의 문화와 생활을 이해하는 데 중요한 유물이에요.

1단계

본문을 읽고 떠오르는 단어 3개를 써요.

(본문에 나오지 않은 단어도 괜찮아요.)

질문으로 사고력 키우기

누가/언제/어디서/무엇을/어떻게/왜

2단계

○ 육하원칙을 사용해 비파형 단검에 대한 질문을 만들어요.

○ 질문에 대한 답을 써요.

○ (챗GPT에 물어보거나 주변 사람과 대화한 뒤 써요.)

3단계

○ 본문과 관련해 나 또한 우리 생활과 연결되는 질문을 만들어요.

○ 질문에 대한 답을 써요.

○ (스스로 생각해서 써요.)

사고력 완성하기

다음 키워드 2~3개를 넣어 비파형 단검을 사용한 족장의 일기를 상상해서 써요.

4단계

#비파형 단검 #부족 #다스리다 #힘 #권력 #적

족장의 무덤, 고인돌

문화·역사

사고력 마중하기 글의 내용을 머릿속으로 떠올리며 소리 내어 읽어 보세요.

    고인돌은 시신을 묻고 표시하기 위해 커다란 돌을 괴어 놓은 무덤이에요. 아시아, 유럽 등에서 발견되었는데, 한반도에서 가장 많이 발견됐어요. 청동기 시대에 만들어진 것으로 추정되며, 주로 족장이나 지배 세력의 무덤으로 알려져 있어요. 족장은 그들의 지배력과 영향력을 상징하는 큰 돌 무덤을 만들었어요. 무거운 돌을 옮겨 만든 것만 보아도 고인돌 아래 묻힌 사람의 힘을 알 수 있지요. 강화도, 전북 고창, 전남 화순에 가면 청동기 시대 때 만들어진 고인돌을 볼 수 있어요.

1단계

본문을 읽고 떠오르는 단어 3개를 써요.

(본문에 나오지 않은 단어도 괜찮아요.)

질문으로 사고력 키우기
누가 / 언제 / 어디서 / 무엇을 / 어떻게 / 왜

2단계

- 육하원칙을 사용해 고인돌에 대한 질문을 만들어요.

- 질문에 대한 답을 써요.

- (챗GPT에 물어보거나 주변 사람과 대화한 뒤 써요.)

3단계

- 본문과 관련해 나 또는 우리 생활과 연결되는 질문을 만들어요.

- 질문에 대한 답을 써요.

- (스스로 생각해서 써요.)

사고력 완성하기

다음 키워드 2~3개를 넣어 외국인에게 고인돌을 소개하는 글을 써요.

4단계

#지배 #족장 #무덤 #힘 #강화도

| 문화·역사 | 비의 양을 재는 측우기 |

 **사고력 마중하기** 글의 내용을 머릿속으로 떠올리며 소리 내어 읽어 보세요.

측우기는 비가 얼마나 내렸는지 알 수 있는 도구예요. 조선 시대 과학자 장영실이 발명했어요. 측우기는 원통 모양의 용기로 되어 있으며, 비가 오면 이 용기에 빗물이 모여요. 당시 사람들은 빗물의 높이를 재서 얼마나 많은 비가 내렸는지 알 수 있었어요. 측우기는 세계에서 처음으로 발명된 강수량 측정 도구로, 첨성대, 금속 활자, 훈민정음 등과 함께 조선 시대의 뛰어난 과학 기술을 보여 주는 중요한 발명품이에요.

1단계

본문을 읽고 떠오르는 단어 3개를 써요.

(본문에 나오지 않은 단어도 괜찮아요.)

질문으로 사고력 키우기

누가/언제/어디서/무엇을/어떻게/왜

2단계

육하원칙을 사용해 고인돌에 대한 질문을 만들어요.

_____

질문에 대한 답을 써요.

_____

(챗GPT에 물어보거나 주변 사람과 대화한 뒤 써요.)

3단계

본문과 관련해 나 또는 우리 생활과 연결되는 질문을 만들어요.

_____

질문에 대한 답을 써요.

_____

(스스로 생각해서 써요.)

사고력 완성하기

다음 키워드 2~3개를 넣어 측우기로 인해 당시 사람들 생활이 어떻게 나아졌을지 써요.

4단계

#측우기 #비 #강수량 #농사

4장 똑똑한 질문의 힘
시와 이야기

엄마의 힘

창작 시

사고력 마중하기 글의 내용을 머릿속으로 떠올리며 소리 내어 읽어 보세요.

엄마는 아침마다 마법을 부려요.
잠꾸러기 나를 깨우며
"일어나, 빵 굽는 냄새야!"

밥상 위에 쌓인 반찬
엄마의 비밀 무기
"이것도 먹고, 저것도 먹어!"

나도 모르게 폭풍 흡입!

숙제할 때 엄마는 탐정이 되죠.
"이 문제는 뭐지? 어디 보자!"
찰칵찰칵 답을 찾아내요.

밤이 되면 엄마는 슈퍼히어로
"이불 속 괴물 퇴치 완료!"
내 꿈나라를 지켜 줘요.

엄마의 사랑은 정말 코믹한 슈퍼 파워,
내 일상에 웃음 주는 최고의 마법사!

질문으로 사고력 키우기 글의 내용을 떠올리며 질문을 만들어 보세요.

1단계

엄마에 대해 시에서 답을 찾을 수 있는 질문을 만들어요.
(**예시** 숙제할 때 엄마는 무엇이 될까?)

질문에 대한 답을 써요.

(본문에 밑줄을 먼저 그어 놓으면 쓰기 편해요.)

> 누가/언제/어디서/무엇을/어떻게/왜

2단계

육하원칙을 사용해 시와 관련된 질문을 만들어요.
(**예시** 내가 아플 땐 엄마가 돌봐 주지만 엄마가 아플 땐 누가 돌봐 줄까?)

질문에 대한 답을 써요.

(챗GPT에 물어보거나 주변 사람과 대화한 뒤 써요.)

3단계

시와 관련해 나 또는 우리 생활과 연결되는 질문을 만들어요.
(**예시** 엄마는 왜 항상 밥을 꼭 먹으라고 할까?)

질문에 대한 답을 써요.

(스스로 생각해서 써요.)

사고력 완성하기   다음 키워드 2~3개를 넣어 엄마를 자랑하는 글을 써요.

4단계

#엄마 #해결사 #다정한 #위로 #공부

할아버지

창작 시

사고력 마중하기 글의 내용을 머릿속으로 떠올리며 소리 내어 읽어 보세요.

엄마가 전화를 받았다.
전화를 끊더니 갑자기 옷을 갈아입고 얼른 가야 한다고 했다.
아빠가 운전하는 동안
엄마는 계속 울었다.
도착한 곳은 할아버지 장례식장
엄마는 계속 울었고, 가끔은 손님과 이야기했다.
나는 내내 구석에서 쪼그려 잤다.
장례식을 마치고 집에 오니 예전과 다를 게 없었다.

길을 가는 할아버지를 보는데 문득 할아버지 생각이 났다.
갑자기 눈물이 난다.
이제야 엄마 마음을 알 것 같다.

질문으로 사고력 키우기 글의 내용을 떠올리며 질문을 만들어 보세요.

1단계

- 할아버지에 대해 시에서 답을 찾을 수 있는 질문을 만들어요.

- 질문에 대한 답을 써요.

(본문에 밑줄을 먼저 그어 놓으면 쓰기 편해요.)

↗ 누가/언제/어디서/무엇을/어떻게/왜

2단계

육하원칙을 사용해 시와 관련된 질문을 만들어요.

질문에 대한 답을 써요.

(챗GPT에 물어보거나 주변 사람과 대화한 뒤 써요.)

3단계

시와 관련해 나 또는 우리 생활과 연결되는 질문을 만들어요.

질문에 대한 답을 써요.

(스스로 생각해서 써요.)

사고력 완성하기

다음 키워드 2~3개를 넣어 엄마를 위로하는 글을 써요.

4단계

#위로 #천국 #아이 #할아버지 #기도

시와 이야기: 지렁이와 흙

창작 시

 **사고력 마중하기** 글의 내용을 머릿속으로 떠올리며 소리 내어 읽어 보세요.

지렁이가 꿈틀꿈틀
흙 속에서 놀고 있어요
조용히 땅을 파며
작은 길을 만들어요
부드러운 몸을 구불구불
흙 속을 지나가요
땅을 건강하게 만드는
작은 마법사 같아요
비 오는 날이면
지렁이 친구 나와요
흙 위에서 반짝이는
작은 길을 그리죠
지렁이와 흙이 함께
우리 땅을 돌보아요
작고 소중한 친구 덕에
모두 함께 살아가요

 **질문으로 사고력 키우기** 글의 내용을 떠올리며 질문을 만들어 보세요.

1단계

지렁이에 대해 시에서 답을 찾을 수 있는 질문을 만들어요.

질문에 대한 답을 써요.

(본문에 밑줄을 먼저 그어 놓으면 쓰기 편해요.)

누가/언제/어디서/무엇을/어떻게/왜

2단계

육하원칙을 사용해 시와 관련된 질문을 만들어요.

질문에 대한 답을 써요.

(챗GPT에 물어보거나 주변 사람과 대화한 뒤 써요.)

3단계

시와 관련해 나 또는 우리 생활과 연결되는 질문을 만들어요.

질문에 대한 답을 써요.

(스스로 생각해서 써요.)

사고력 완성하기

다음 키워드 2~3개를 넣어 지렁이를 만나면 무얼 하고 싶은지 써요.

4단계

#지렁이 #놀기 #흙 파기 #땅속 곤충 사귀는 법

수학 문제

창작 시

 **사고력 마중하기** 글의 내용을 머릿속으로 떠올리며 소리 내어 읽어 보세요.

수학 문제는 문제가 아니다.
수학이 문제다.
수학 자체가 문제다.

연산 문제 5장
응용 문제 5장
사고력 문제 5장

수학 문제집을 푸는 게 문제가 아니다.
이 문제집을 다 사 온 우리 엄마가 문제다.
수학을 싫어하는 내가 문제가 아니다.

수학을 만든 사람이 문제다.

 **질문으로 사고력 키우기** 글의 내용을 떠올리며 질문을 만들어 보세요.

1단계

수학 문제에 대해 시에서 답을 찾을 수 있는 질문을 만들어요.

질문에 대한 답을 써요.

(본문에 밑줄을 먼저 그어 놓으면 쓰기 편해요.)

누가/언제/어디서/무엇을/어떻게/왜

2단계

육하원칙을 사용해 시와 관련된 질문을 만들어요.

질문에 대한 답을 써요.

(챗GPT에 물어보거나 주변 사람과 대화한 뒤 써요.)

3단계

시와 관련해 나 또는 우리 생활과 연결되는 질문을 만들어요.

질문에 대한 답을 써요.

(스스로 생각해서 써요.)

사고력 완성하기 다음 키워드 2~3개를 넣어 내가 싫어하는 공부나 학원에 대해 써요.

4단계

#영어 #수학 #태권도 #피아노 #논술

민들레

창작 시

사고력 마중하기 글의 내용을 머릿속으로 떠올리며 소리 내어 읽어 보세요.

무심히 밟힌 길가의 민들레
다시 고개를 들고 세상을 바라본다.
내가 갈 곳은 어디일까
날아가는 나비를 보고 그리고,
흘러가는 구름을 보고 생각한다.
다시 밟히지만 울지 않고,
내일을 꿈꾸는 민들레
어느새 홀씨가 되어 몸을 띄운다.
그렇게 그리던 자유를 찾아서

 글의 내용을 떠올리며 질문을 만들어 보세요.

1단계

○ 민들레나 자유에 대해 시에서 답을 찾을 수 있는 질문을 만들어요.

○ 질문에 대한 답을 써요.

○ (본문에 밑줄을 먼저 그어 놓으면 쓰기 편해요.)

누가/언제/어디서/무엇을/어떻게/왜

2단계

육하원칙을 사용해 시와 관련된 질문을 만들어요.

질문에 대한 답을 써요.

(챗GPT에 물어보거나 주변 사람과 대화한 뒤 써요.)

3단계

시와 관련해 나 또는 우리 생활과 연결되는 질문을 만들어요.

질문에 대한 답을 써요.

(스스로 생각해서 써요.)

사고력 완성하기 다음 키워드 2~3개를 넣어 민들레 홀씨처럼 날고 싶은 순간의 기분이나 상황을 써요.

4단계

#자유 #꿋꿋함 #홀가분하다 #미래 #하늘하늘

사람은 무엇으로 사는가

단편소설 / 작가: 톨스토이

 **사고력 마중하기** 글의 내용을 머릿속으로 떠올리며 소리 내어 읽어 보세요.

　옛날 어느 작은 마을에 마음 따뜻한 구두 수선공 세몬이 살고 있었어요. 그러던 어느 추운 겨울날, 세몬은 길에서 얼어붙어 있는 남자를 발견했어요. 남자는 거의 의식이 없었고, 입고 있는 옷도 너무 얇아 보였어요.

　'사람을 돕지 않으면 큰일 나겠어. 데려가서 따뜻하게 해 줘야지.'

　세몬은 남자를 자기 집으로 데려가 따뜻한 옷을 입히고, 뜨거운 수프를 먹였어요. 남자는 서서히 의식을 되찾았고, 세몬에게 감사 인사를 했어요.

　"감사합니다. 제 이름은 미하일입니다. 저는 천사였는데, 인간 세상에서 중요한 교훈을 배워야 합니다."

　세몬과 그의 아내는 놀랐지만, 미하일을 집에 머물도록 했어요. 미하일은 세몬의 구두 수선 일을 도우며 생활했어요.

　어느 날, 마을의 부유한 상인이 세몬의 가게에 찾아왔어요. 비싼 가죽으로 신발을 맞추고 싶어했어요. 미하일은 부자 상인이 내일 죽게 될 운명이라는 것을 알아차렸어요. 다음 날 정말 상인은 세상을 떠났어요.

　그 후 미하일은 세 가지 중요한 교훈을 세몬과 그의 아내에게 말해 주었어요.

　"첫째, 인간에게는 무엇이 있는지 알 수 없습니다. 둘째, 인간에게 허락된 것은 오늘 하루뿐입니다. 셋째, 인간은 사랑으로 살아갑니다. 저는 이곳에서 사랑을 배웠고, 이제 다시 천국으로 돌아갈 수 있습니다."

 **질문으로 사고력 키우기** 글의 내용을 떠올리며 질문을 만들어 보세요.

1단계

이야기를 재밌게 읽고 본문에서 답을 찾을 수 있는 질문을 써요.
(**예시** 길에 쓰러진 남자를 발견한 세몬은 어떤 생각을 했을까?)

질문에 대한 답을 써요.

(본문에 밑줄을 먼저 그어 놓으면 쓰기 편해요.)

2단계

이야기를 읽고 '만약'이라는 단어를 넣어 질문을 만들어요.
(**예시** 내가 만약 미하일이었다면 상인을 보고 어떻게 했을까?)

질문에 대한 답을 써요.

(챗GPT에 물어보거나 주변 사람과 대화한 뒤 써요.)

3단계

본문과 관련해 나 또는 우리 생활과 연결되는 질문을 만들어요.
(**예시** 주변에 있는 어려운 이웃을 어떻게 대해야 할까?)

질문에 대한 답을 써요.

(스스로 생각해서 써요.)

사고력 완성하기

다음 키워드 2~3개를 넣어 미하일이 남긴 교훈을 어떻게 생각하는지 써요.

4단계

#인간 #열심 #사랑 #인생 #앞날

마지막 잎새

단편소설/작가: 오 헨리

 **글의 내용을 머릿속으로 떠올리며 소리 내어 읽어 보세요.**

미국 뉴욕에 존시와 수라는 젊은 두 예술가가 살고 있었어요. 존시는 폐렴에 걸려 오랫동안 몸과 마음이 약해져 있었어요. 자리에 누워 하염없이 창밖을 바라보며 자신이 곧 죽게 될 거라고 생각했어요.

존시는 창밖에 있는 잎을 보며 늘 이렇게 말했어요.

"수, 창밖에 보이는 담쟁이덩굴의 하나 남은 잎마저 떨어진다면 나도 죽게 되겠지?"

존시의 말을 들은 수는 마음이 아파 어떻게든 희망을 주고 싶었어요.

수는 이웃집에 사는 나이 많은 예술가 베어먼 씨를 찾아가 부탁했어요.

"베어먼 씨, 혹시 아픈 존시를 도와줄 수 있나요?"

그는 위대한 작품을 남기고 싶어하는 화가였으나 아직 꿈을 이루지 못하고 있었지요.

베어먼 씨는 존시의 이야기를 듣고 그녀가 잠든 늦은 밤, 폭풍우 속에서 담쟁이덩굴의 마지막 잎을 그림으로 그려 넣었어요.

다음 날 아침, 존시는 여전히 마지막 잎이 남아 있는 것을 보고 큰 용기를 얻었어요. 시간이 지나면서 그녀는 점점 회복되었지만, 베어먼 씨는 그림을 그리던 날 밤, 폐렴에 걸려 결국 목숨을 잃고 말았어요. 베어먼 씨가 그린 마지막 잎새는 위대한 작품이 되었고, 존시에게는 삶의 희망을 되찾아 준 희망이 되었답니다.

 **글의 내용을 떠올리며 질문을 만들어 보세요.**

1단계

이야기를 재밌게 읽고 본문에서 답을 찾을 수 있는 질문을 써요.

질문에 대한 답을 써요.

(본문에 밑줄을 먼저 그어 놓으면 쓰기 편해요.)

2단계

이야기를 읽고 '만약'이라는 단어를 넣어 질문을 만들어요.

질문에 대한 답을 써요.

(챗GPT에 물어보거나 주변 사람과 대화한 뒤 써요.)

3단계

본문과 관련해 나 또는 우리 생활과 연결되는 질문을 만들어요.

질문에 대한 답을 써요.

(스스로 생각해서 써요.)

사고력 완성하기

다음 키워드 2~3개를 넣어 베어먼 씨에게 하고 싶은 말을 써요.

4단계

#마지막 작품 #희망 #그림 #예술가 #위로

행복한 왕자

동화／작가: 오스카 와일드

 **사고력 마중하기** 글의 내용을 머릿속으로 떠올리며 소리 내어 읽어 보세요.

광장 한복판에 행복한 왕자 동상이 서 있었어요. 동상 전체가 황금으로 덮여 있었고, 사파이어 눈에 루비가 박힌 칼자루를 가지고 있었습니다. 사람들은 이 동상을 아름답게 여겼어요. 어느 날 제비 한 마리가 광장을 지나 왕자의 동상 아래에서 쉬고 있었어요. 그런데 왕자가 눈물을 흘리는 게 아니겠어요?

"왕자님, 왜 울고 계신가요?"

제비가 물었습니다.

"내가 높은 곳에서 보니 불행한 사람이 너무 많구나."

왕자는 제비에게 부탁해 칼자루의 루비를 아픈 아이에게, 사파이어 눈 하나를 가난한 작가에게, 남은 사파이어 눈을 성냥팔이 소녀에게 주도록 했습니다. 제비는 왕자의 부탁을 들어주었고, 왕자는 눈이 멀어 더 이상 볼 수 없게 되었어요.

왕자는 제비에게 자신의 황금을 떼어 가난한 사람에게 나눠 주라고 했고, 제비는 왕자를 열심히 도왔어요. 겨울이 찾아오자 제비는 왕자의 발밑에서 죽고 말았습니다.

"안녕, 왕자님." 제비가 마지막으로 속삭이자 그 순간 왕자의 심장도 부서졌습니다.

사람들은 황금이 다 떨어져 흉하게 변한 동상을 없애기로 했고, 부서진 왕자의 심장은 녹지 않아 쓰레기장에 버렸습니다.

그날 밤, 세상에서 가장 귀중한 것을 가져오라는 명령을 받은 천사가 내려왔어요. 그러고는 왕자의 부서진 심장과 죽은 제비를 하늘나라로 가져갔습니다.

 **질문으로 사고력 키우기** 글의 내용을 떠올리며 질문을 만들어 보세요.

1단계

이야기를 재밌게 읽고 글 안에서 답을 찾을 수 있는 질문을 써요.

질문에 대한 답을 써요.

(본문에 밑줄을 먼저 그어 놓으면 쓰기 편해요.)

2단계

이야기를 읽고 '만약'이라는 단어를 넣어 질문을 만들어요.

질문에 대한 답을 써요.

(챗GPT에 물어보거나 주변 사람과 대화한 뒤 써요.)

3단계

본문과 관련해 나 또는 우리 생활과 연결되는 질문을 만들어요.

질문에 대한 답을 써요.

(스스로 생각해서 써요.)

사고력 완성하기

다음 키워드 2~3개를 넣어 다른 사람을 위하는 마음에 대해 써요.

4단계

#나눔 #희생 #심장 #자신 #사랑

시와 이야기: 견우와 직녀

전래 동화

사고력 마중하기 글의 내용을 머릿속으로 떠올리며 소리 내어 읽어 보세요.

옛날 옛적 하늘나라에 옥황상제 딸 직녀가 살고 있었어요. 그녀는 하늘나라에서 가장 아름다운 옷을 짜는 일을 했습니다. 하지만 직녀는 늘 외로워했어요. 이를 본 옥황상제가 직녀에게 견우라는 목동을 소개해 주었어요. 두 사람은 첫눈에 반해 사랑에 빠졌습니다.

"견우 님, 이렇게 만나게 되어 정말 기뻐요."

"직녀 님, 저도요. 당신과 함께 있으면 늘 행복해요."

두 사람은 서로를 사랑하며 행복한 시간을 보냈습니다. 그러나 이로 인해 직녀는 옷을 짜는 일을 소홀히했고, 견우도 자신의 일을 게을리하게 되었어요. 이를 본 옥황상제는 두 사람을 갈라놓기로 결심했습니다.

"직녀야, 견우와 너는 이제 각자의 자리로 돌아가야 한다. 하지만 너희 사랑을 생각해 칠석날에만 만날 수 있도록 해 주겠다."

그리하여 직녀는 하늘의 서쪽으로, 견우는 하늘의 동쪽으로 보내졌습니다. 그러고는 매해 칠석날인 7월 7일이 되면 까마귀와 까치가 모여 은하수에 다리를 놓아 두 사람을 만나게 해 주었어요. 이 다리를 오작교라고 불렀지요.

"견우 님, 다시 만나게 되어 너무 기뻐요. 이렇게라도 볼 수 있어서 행복해요."

"직녀 님, 저도 너무 기뻐요. 다음 칠석날까지 잘 지내요."

두 사람은 이렇게 해마다 칠석날에 만나 서로의 사랑을 확인했답니다.

질문으로 사고력 키우기 글의 내용을 떠올리며 질문을 만들어 보세요.

1단계

○ 이야기를 재밌게 읽고 본문에서 답을 찾을 수 있는 질문을 써요.

○ 질문에 대한 답을 써요.

○ (본문에 밑줄을 먼저 그어 놓으면 쓰기 편해요.)

2단계

이야기를 읽고 '만약'이라는 단어를 넣어 질문을 만들어요.

질문에 대한 답을 써요.

(챗GPT에 물어보거나 주변 사람과 대화한 뒤 써요.)

3단계

본문과 관련해 나 또는 우리 생활과 연결되는 질문을 만들어요.

질문에 대한 답을 써요.

(스스로 생각해서 써요.)

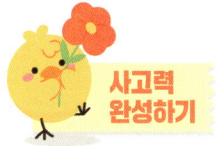

사고력 완성하기 다음 키워드 2~3개를 넣어 견우를 그리워하는 직녀의 마음을 써요.

4단계

#견우 #칠석날 #오작교 #그리움 #사랑

시와 이야기 : 해님 달님

전래 동화

 **사고력 마중하기** 글의 내용을 머릿속으로 떠올리며 소리 내어 읽어 보세요.

옛날 옛적, 작은 마을 오두막에 오누이가 살고 있었어요. 어느 날, 오누이의 어머니가 장에 가시며 호랑이를 조심하라고 말했어요. 오누이는 어머니가 돌아오기를 기다리며 즐겁게 놀고 있었답니다. 그런데 갑자기 문을 두드리는 소리가 들렸어요.

"얘들아, 어머니가 돌아왔다!"

오누이는 기쁜 마음으로 문을 열었지만, 문 앞에 서 있는 것은 다름 아닌 커다란 호랑이였어요!

오누이는 깜짝 놀라 집 안으로 도망쳤어요. 호랑이는 문을 부수고 들어와 오누이를 잡아먹으려 했어요. 오누이는 집 뒤에 있는 커다란 나무로 달려갔어요.

"하느님, 우리를 구해 주세요!"

오빠가 하늘을 향해 외치자 하늘에서 동아줄이 내려왔어요. 오누이는 동아줄을 잡고 하늘로 올라가기 시작했어요. 호랑이도 뒤따라와 하늘로 올라가려 했지만, 호랑이를 위해 내려진 줄은 약해서 금세 끊어졌고, 호랑이는 그만 땅으로 떨어지고 말았어요.

무사히 하늘로 올라간 오누이는 각각 해와 달이 되어 세상을 비추게 되었답니다. 하느님은 오빠더러 해가 되라고 했고, 동생에게는 달이 되라고 했어요. 하지만 동생은 밤이 무섭다며 하느님에게 낮으로 바꾸어 달라고 했지요. 오빠는 동생을 배려해 달이 되었고, 동생은 해가 되어 세상을 비추게 되었답니다. 해와 달이 된 오누이는 영원히 하늘에서 서로를 지켜보며 행복하게 살았어요.

 **질문으로 사고력 키우기** 글의 내용을 떠올리며 질문을 만들어 보세요.

1단계

이야기를 재밌게 읽고 본문에서 답을 찾을 수 있는 질문을 써요.

질문에 대한 답을 써요.

(본문에 밑줄을 먼저 그어 놓으면 쓰기 편해요.)

2단계

이야기를 읽고 '만약'이라는 단어를 넣어 질문을 만들어요.

질문에 대한 답을 써요.

(챗GPT에 물어보거나 주변 사람과 대화한 뒤 써요.)

3단계

본문과 관련해 나 또는 우리 생활과 연결되는 질문을 만들어요.

질문에 대한 답을 써요.

(스스로 생각해서 써요.)

사고력 완성하기

다음 키워드 2~3개를 넣어 형제 간에 어려움이 닥쳤을 때 해결하는 방법에 대해 써요.

4단계

#두려움 #지혜 #용기 #생각 #우애

시와 이야기 : 콩쥐팥쥐

전래 동화

 **사고력 마중하기** 글의 내용을 머릿속으로 떠올리며 소리 내어 읽어 보세요.

옛날 옛적, 착하고 예쁜 콩쥐가 새어머니와 그의 딸 팥쥐와 함께 살고 있었어요. 새어머니와 팥쥐는 콩쥐를 미워하며 힘든 집안일을 모두 콩쥐에게 시켰어요. 어느 날, 새어머니가 콩쥐에게 물독을 주며 말했습니다.

"콩쥐야, 이 물독을 가지고 냇가에 가서 물을 길어 오너라."

팥쥐가 비웃으며 말했습니다.

"그래, 콩쥐야. 한 방울도 쏟지 말고 길어 와야 해."

콩쥐는 물독을 들고 냇가로 갔지만, 물독 귀퉁이가 깨져 있었습니다. 콩쥐가 울고 있는데, 하얀 두꺼비가 나타나 자신의 몸으로 물독 구멍을 막아 주었습니다. 콩쥐는 두꺼비의 도움으로 무사히 물을 길어 왔습니다.

며칠 뒤, 마을에서 잔치가 열렸습니다. 새어머니와 팥쥐는 콩쥐에게 벼 한 섬과 피 한 섬을 다 찧으라고 시켰습니다. 콩쥐가 속상해하며 벼를 찧고 있는데 참새가 날아와 콩쥐를 도와주었습니다. 벼를 모두 찧은 콩쥐는 잔치에 가서 멋진 청년을 만났습니다. 청년은 콩쥐에게 첫눈에 반했고, 콩쥐는 잔치에서 청년과 즐거운 시간을 보냈습니다. 콩쥐는 새어머니에게 혼날까 봐 서둘러 집으로 돌아오다가 꽃신 한 짝을 잃어버렸습니다. 다음 날, 청년은 콩쥐의 꽃신 한 짝을 들고 마을을 돌아다녔습니다. 새어머니와 팥쥐가 꽃신을 신으려 했지만 맞지 않았습니다. 결국 콩쥐가 꽃신을 신자 발에 딱 들어 맞았답니다. 청년은 기뻐하며 콩쥐에게 청혼했고 둘은 혼인해서 행복하게 살았답니다.

 **질문으로 사고력 키우기** 글의 내용을 떠올리며 질문을 만들어 보세요.

1단계

이야기를 재밌게 읽고 글 안에서 답을 찾을 수 있는 질문을 써요.

질문에 대한 답을 써요.

(본문에 밑줄을 먼저 그어 놓으면 쓰기 편해요.)

2단계

- 이야기를 읽고 '만약'이라는 단어를 넣어 질문을 만들어요.

- 질문에 대한 답을 써요.

  (챗GPT에 물어보거나 주변 사람과 대화한 뒤 써요.)

3단계

- 본문과 관련해 나 또는 우리 생활과 연결되는 질문을 만들어요.

- 질문에 대한 답을 써요.

  (스스로 생각해서 써요.)

사고력 완성하기 다음 키워드 2~3개를 넣어 콩쥐의 새어머니나 팥쥐에게 편지를 써요.

4단계

#콩쥐 #고생 #차별 #부모 #반성

개미와 베짱이

이솝우화

 **글의 내용을 머릿속으로 떠올리며 소리 내어 읽어 보세요.**

한 여름날, 곡식을 나르는 개미가 있었습니다. 그때, 기타를 멘 베짱이가 지나가며 말했습니다.
"왜 그렇게 열심히 일하고 있어? 우리 같이 놀자!"
"지금 놀면 겨울에 먹을 게 없어. 너도 어서 어서 먹이를 모아."
"아휴, 아직 여름인데 웬 겨울 걱정이야? 지금을 즐겨야지! 내가 노래 한 곡 들려줄게!"
베짱이는 기타를 치며 신나게 노래를 부르기 시작했습니다. 몇 달 뒤, 눈이 펑펑 내리는 겨울이 되었습니다. 개미는 따뜻한 집 안에서 여름 내내 모은 식량을 먹으며 지내고 있었죠. 그때, 창문을 두드리는 소리가 들렸습니다. 문을 열어 보니 추위에 떨고 있는 베짱이가 있었습니다.
"나 좀 도와줘. 여름 내내 놀기만 해서 이제 먹을 게 없어."
"들어와. 하지만 조건이 있어. 식량을 나를 때 부르는 노래를 만들어 줘. 네 재능을 활용해서 우리가 신나게 일할 수 있도록 말이야."
베짱이는 기뻐하며 기타를 꺼냈습니다. 둘은 함께 신나는 노래를 만들기 시작했습니다. 노래를 통해 힘을 북돋아 주었고, 더 열심히 일할 수 있게 되었습니다.
"이제 너도 우리와 함께 겨울을 따뜻하게 보낼 수 있을 거야. 그리고 다음 여름에는 우리 같이 일하고, 같이 놀자."
"그래, 나도 이제 열심히 일할게. 그리고 모두가 힘내서 일하도록 즐거운 노래를 만들 거야."
그렇게 둘은 서로의 장점을 살려 함께 행복한 겨울을 보냈습니다.

 **글의 내용을 떠올리며 질문을 만들어 보세요.**

이야기를 재밌게 읽고 본문에서 답을 찾을 수 있는 질문을 써요.

질문에 대한 답을 써요.

(본문에 밑줄을 먼저 그어 놓으면 쓰기 편해요.)

2단계

이야기를 읽고 '만약'이라는 단어를 넣어 질문을 만들어요.

질문에 대한 답을 써요.

(챗GPT에 물어보거나 주변 사람과 대화한 뒤 써요.)

3단계

본문과 관련해 나 또는 우리 생활과 연결되는 질문을 만들어요.

질문에 대한 답을 써요.

(스스로 생각해서 써요.)

사고력 완성하기 다음 키워드 2~3개를 넣어 일과 휴식에 대한 생각을 써요.

4단계

#휴식 #노래 #적당히 #골고루

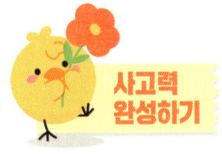

시와 이야기: 여우와 포도

이솝우화

 **사고력 마중하기** 글의 내용을 머릿속으로 떠올리며 소리 내어 읽어 보세요.

어느 날, 배고픈 여우가 숲속을 돌아다니고 있었어요. 나무 사이를 걷고 있는데 키가 큰 포도나무 한 그루가 눈에 띄었습니다. 포도나무에는 탐스럽고 싱싱한 포도송이가 주렁주렁 매달려 있었어요. 여우는 포도가 너무 먹고 싶어서, 나무를 올려다보며 입맛을 다시기 시작했습니다.

여우는 포도송이를 따려고 뛰어올랐지만, 나무가 너무 높아서 닿지 않았습니다. 다시 여러 번 뛰었지만 포도는 여전히 멀리 있었고, 여우는 점점 지쳤습니다.

"이 포도는 너무 높아서 도저히 먹을 수 없군."

여우는 포도나무를 한참 바라보았어요. 나무 주위를 돌며 어떡하면 포도를 먹을 수 있을지 생각해 봤지만 포도는 여전히 높은 곳에 매달려 있었습니다. 여우는 점점 실망스러워하며 눈길을 돌렸습니다.

"저 포도는 분명 시고 맛이 없을 거야. 원래 높은 곳에서 자라는 포도는 질이 좋지 않다고."

여우는 자신이 포도를 먹지 못한 이유를 포도나무 탓으로 돌렸어요. 결국, 여우는 포도를 포기하고 숲속을 떠나기로 결심했습니다. 포도나무에서 멀어지며, 여우는 혼자 중얼거렸습니다.

"저런 포도는 굳이 먹을 필요가 없어. 다른 맛있는 음식이 더 나을 거야."

여우는 그렇게 끝까지 포도를 탓하며 자리를 떠났습니다.

 **질문으로 사고력 키우기** 글의 내용을 떠올리며 질문을 만들어 보세요.

1단계

이야기를 재밌게 읽고 본문에서 답을 찾을 수 있는 질문을 써요.

질문에 대한 답을 써요.

(본문에 밑줄을 먼저 그어 놓으면 쓰기 편해요.)

2단계

이야기를 읽고 '만약'이라는 단어를 넣어 질문을 만들어요.

질문에 대한 답을 써요.

(챗GPT에 물어보거나 주변 사람과 대화한 뒤 써요.)

3단계

본문과 관련해 나 또는 우리 생활과 연결되는 질문을 만들어요.

질문에 대한 답을 써요.

(스스로 생각해서 써요.)

사고력 완성하기 다음 키워드 2~3개를 넣어 도전과 포기에 대한 생각을 써요.

4단계

#도전 #포기 #변명 #새로운 시도

시와 이야기: 단톡방 이야기

창작 동화/작가: 오현선

 **글의 내용을 머릿속으로 떠올리며 소리 내어 읽어 보세요.**

3학년 6반에는 친한 친구들끼리 대화하는 단톡방이 있었어요. 민수, 지훈, 은지, 수민, 그리고 지영이가 단톡방에서 이야기를 나누었습니다. 그러던 어느 날, 지훈이가 은지의 행동에 대해 불만을 털어놓았습니다.

"은지야, 너 요즘 단톡방에서 너무 말이 없는 거 아니야?"

"맞아, 은지야. 우리랑 이야기 안 하고 딴짓하는 것 같아."

민수도 맞장구쳤어요.

은지는 무척 속상해했어요. 이유를 말하고 싶었지만 변명 같아서 관뒀어요. 친구들은 서서히 단톡방에서 은지를 무시하기 시작했고 은지는 단톡방이 점점 무서워졌습니다. 결국 은지는 단톡방을 나갔어요.

며칠 뒤, 수민이가 학교에 혼자 있는 은지를 보고 은지에게 다가가 물었습니다.

"은지야, 요즘 무슨 일 있어? 단톡방에서 나갔더라?"

"사실 엄마가 많이 편찮으셔. 그래서 단톡방에서 얘기할 수 없었던 거야."

은지가 눈물을 글썽이며 말했습니다.

"정말? 몰랐어. 미안해, 은지야. 우리가 오해했어."

수민이는 은지의 상황을 친구들에게 전했습니다. 민수와 지훈이도 후회했어요.

"정말 미안해, 은지야. 우리가 네 사정을 모르고 오해했어."

그 후로 은지와 친구들은 더 가까운 친구가 되었답니다.

 **글의 내용을 떠올리며 질문을 만들어 보세요.**

이야기를 재밌게 읽고 본문에서 답을 찾을 수 있는 질문을 써요.

질문에 대한 답을 써요.

(본문에 밑줄을 먼저 그어 놓으면 쓰기 편해요.)

2단계

이야기를 읽고 '만약'이라는 단어를 넣어 질문을 만들어요.

질문에 대한 답을 써요.

(챗GPT에 물어보거나 주변 사람과 대화한 뒤 써요.)

3단계

본문과 관련해 나 또는 우리 생활과 연결되는 질문을 만들어요.

질문에 대한 답을 써요.

(스스로 생각해서 써요.)

사고력 완성하기

다음 키워드 2~3개를 넣어 친구를 함부로 오해하면 안 되는 이유에 대해 써요.

4단계

#솔직 #오해 #속상 #사정 #우정

진실의 구슬

창작 동화/작가: 오현선

 **글의 내용을 머릿속으로 떠올리며 소리 내어 읽어 보세요.**

마법 왕국에 소년 민호가 살고 있었습니다. 민호는 친구들에게 나쁜 말을 자주해서 친구들이 민호를 멀리하게 되었어요. 어느 날, 민호는 숲속에서 반짝이는 전설 속 책을 발견했고, 책을 펼치자 아름다운 요정 릴리가 나타났어요.

릴리가 민호에게 말했어요.

"네 말이 친구들에게 상처 주고 있단다. '진실의 구슬'을 사용해 보렴. 이 구슬이 네 진심을 말하게 해 줄 거야. 하지만 조심해야 해. 이 구슬은 오직 진실만 담아내니까."

민호는 구슬을 받아 들고 친구들과 대화할 때마다 구슬을 손에 쥐었어요. 놀랍게도, 나쁜 말 대신 진심 어린 말들이 나왔어요.

"미안해, 네가 속상했겠다."

"고마워, 네 도움이 큰 힘이 됐어."

이렇게 진심을 담은 말을 하자, 친구들은 다시 민호를 좋아하게 되었어요.

이제 민호는 구슬 없이도 친구들에게 진심이 담긴 좋은 말을 할 수 있게 되었어요.

릴리가 민호를 찾아와 말했어요. "이제 진정한 마음을 알게 되었으니 구슬을 돌려줘."

민호는 요정에게 구슬을 돌려주었어요. 그리고 친구들에게 진심으로 말했어요.

"친구들아, 정말 고마워. 더 좋은 친구가 될게."

그런데 다음 날 우연히 친구 수진이가 진실의 구슬을 가지고 있는 것을 보았어요. 어떻게 된 일일까요?

 **글의 내용을 떠올리며 질문을 만들어 보세요.**

1단계

이야기를 재밌게 읽고 본문에서 답을 찾을 수 있는 질문을 써요.

질문에 대한 답을 써요.

(본문에 밑줄을 먼저 그어 놓으면 쓰기 편해요.)

2단계

이야기를 읽고 '만약'이라는 단어를 넣어 질문을 만들어요.

질문에 대한 답을 써요.

(챗GPT에 물어보거나 주변 사람과 대화한 뒤 써요.)

3단계

본문과 관련해 나 또는 우리 생활과 연결되는 질문을 만들어요.

질문에 대한 답을 써요.

(스스로 생각해서 써요.)

사고력 완성하기

다음 키워드 2~3개를 넣어 진실의 구슬을 주고 싶은 친구와 이유를 써요.

4단계

#진실의 구슬 #나쁜 말 #욕 #고운 말

5장 똑똑한 질문의 힘 명화

<공감> 속 소녀는 무슨 생각을 하고 있었을까?

고흐는 무엇을 생각하며 <첫걸음>을 그렸을까?

피카소가 한국에 온 적이 있을까?

| 명화 | 빈센트 반 고흐 <첫걸음> |

 **사고력 마중하기** 그림을 감상하며 글의 내용을 소리 내어 읽어 보세요.

　<첫걸음>은 첫 발자국을 내딛는 아기 모습을 그린 그림이에요. 고흐가 세상을 떠나기 7개월 전에 그린 그림이지요. 잘 자라는 조카를 떠올리며 그렸다고 합니다. 밀레가 그린 <첫걸음>이라는 작품을 모방하여 그렸어요. 밭일을 하다가 첫걸음을 떼는 아이를 보고 손을 뻗는 아빠와 아이가 넘어질까 봐 아이의 몸을 잡고 있는 엄마의 모습에서 아이에 대한 사랑을 느낄 수 있어요. 또한 세상을 향한 첫걸음에 대한 설렘도 보여요.

1단계

그림을 본 뒤 떠오르는 단어 3개를 써요.

| 벅차다 | | |

(본문에 나오지 않은 단어여도 괜찮아요.)

질문으로 사고력 키우기

누가/언제/어디서/무엇을/어떻게/왜

2단계

육하원칙을 사용해 명화와 관련된 질문을 만들어요.
(예시 나는 언제 처음 걸었을까?)

질문에 대한 답을 써요.

(챗GPT에 물어보거나 주변 사람과 대화한 뒤 써요.)

3단계

나와 그림 속 인물을 연결 지어 질문을 만들어요.
(예시 내가 그림 속 아기라면 어떤 기분일까?)

질문에 대한 답을 써요.

(스스로 생각해서 써요.)

사고력 완성하기

다음 키워드 2~3개를 넣어 명화를 감상한 소감을 써요.

4단계

#첫걸음마 #아기 #행복 #시작 #가족

| 명화 | 김홍도 <씨름> |

 **사고력 마중하기** 그림을 감상하며 글의 내용을 소리 내어 읽어 보세요.

　김홍도는 관찰력이 뛰어나요. 생생한 그림을 보면 알 수 있어요. 위 그림은 그의 풍속화 중 하나인 <씨름>이에요. 가운데 두 사람이 경기를 하고 있지요. 한쪽 다리가 들린 사람의 표정을 보아 이 사람이 넘어질 것이라고 예상할 수 있어요. 옷차림을 보면 왼쪽에 있는 사람들은 양반, 오른쪽에 있는 사람들은 평민으로 보여요. 당시 조선의 신분이 무너지고 있다는 것을 보여 주고 있어요. 그런가 하면 다음 선수로 나갈 두 사람도 보입니다. 무릎을 모은 채 신발과 갓을 벗어 두고 나란히 앉은 두 사람이죠. 표정도 긴장되어 보입니다. 생생한 씨름판의 모습이 잘 표현된 그림이에요.

1단계

그림을 본 뒤 떠오르는 단어 3개를 써요.

(본문에 나오지 않은 단어여도 괜찮아요.)

질문으로 사고력 키우기

누가/언제/어디서/무엇을/어떻게/왜

2단계

육하원칙을 사용해 명화와 관련된 질문을 만들어요.

질문에 대한 답을 써요.

(챗GPT에 물어보거나 주변 사람과 대화한 뒤 써요.)

3단계

나와 그림 속 인물을 연결 지어 질문을 만들어요.

질문에 대한 답을 써요.

(스스로 생각해서 써요.)

사고력 완성하기

다음 키워드 2~3개를 넣어 명화를 감상한 소감을 써요.

4단계

#씨름 #조선 시대 #문화 #긴장 #엿장수

| 명화 | 에드바르 뭉크 <절규> |

 **사고력 마중하기** 그림을 감상하며 글의 내용을 소리 내어 읽어 보세요.

뭉크는 노르웨이 화가입니다. 위 그림은 1893년 그린 그림으로 작품 명은 <절규>예요. 친구와 함께 걷다가 갑자기 느껴지는 감정을 그렸다고 해요. 해 질 녘이라 하늘이 불그스름해요. 붉은 석양이 하늘 전체를 뒤덮은 순간 갑자기 불안하고 슬퍼졌다고 해요. 친구는 이미 앞으로 걸어가고 있었고, 뭉크 혼자 공포에 떨며 서 있는 모습을 나타냈지요.

색이 무척 강렬하게 표현되어 있어 인물의 감정이 잘 드러나요. 붉은 구름은 공포스러운 상황을 잘 표현해 주고 있고요. 자신을 유령처럼 표현한 까닭은 깊은 좌절에 빠진 모습을 좀 더 잘 표현하기 위한 것이었다고 해요.

1단계

그림을 본 뒤 떠오르는 단어 3개를 써요.

(본문에 나오지 않은 단어여도 괜찮아요.)

질문으로 사고력 키우기

누가/언제/어디서/무엇을/어떻게/왜

2단계

육하원칙을 사용해 명화와 관련된 질문을 만들어요.

질문에 대한 답을 써요.

(챗GPT에 물어보거나 주변 사람과 대화한 뒤 써요.)

3단계

나와 그림 속 인물을 연결 지어 질문을 만들어요.

질문에 대한 답을 써요.

(스스로 생각해서 써요.)

사고력 완성하기

다음 키워드 2~3개를 넣어 명화를 감상한 소감을 써요.

4단계

#충격 #장면 #놀람 #걱정 #숙제 #절망

| 명화 | **브리튼 리비에르 <공감>** |

 **사고력 마중하기** 그림을 감상하며 글의 내용을 소리 내어 읽어 보세요.

파란 드레스를 입은 어린 소녀와 하얀 개가 있어요. 계단에 앉아 있는 소녀는 무슨 일인지 우울해 보이네요. 그런데 옆에 있는 개가 위로하듯 소녀의 어깨에 머리를 기대고 있습니다.

그림 속 소녀는 그림을 그린 화가의 딸이에요. 꾸중을 듣고 계단에 앉아 벌을 받고 있는 딸의 모습을 그렸어요. 눈빛에는 슬픔과 억울함이 보이는 것 같아요. 자기 마음을 몰라주는 사람에게 속상했던 걸까요? 다행히 반려견이 마음을 알아주는 것 같네요. 화가는 뾰로통한 딸의 모습을 기억했다가 그림을 그렸다고 해요. 사람과 동물의 교감을 잘 표현한 작품입니다.

1단계

그림을 본 뒤 떠오르는 단어 3개를 써요.

(본문에 나오지 않은 단어여도 괜찮아요.)

질문으로 사고력 키우기

누가 / 언제 / 어디서 / 무엇을 / 어떻게 / 왜

2단계

○ 육하원칙을 사용해 명화와 관련된 질문을 만들어요.

○ 질문에 대한 답을 써요.

○ (챗GPT에 물어보거나 주변 사람과 대화한 뒤 써요.)

3단계

○ 나와 그림 속 인물을 연결 지어 질문을 만들어요.

○ 질문에 대한 답을 써요.

○ (스스로 생각해서 써요.)

사고력 완성하기

다음 키워드 2~3개를 넣어 명화를 감상한 소감을 써요.

4단계

#위로 #공감 #반려견 #친구 #뾰로통

명화 | 피카소 <한국에서의 학살>

 그림을 감상하며 글의 내용을 소리 내어 읽어 보세요.

위 그림은 한국전쟁 때 미군이 여성을 총으로 쏘기 직전의 모습을 그린 그림이에요. 황해도 신천에서 일어난 신천군 학살 사건을 소재로 그렸어요. 군인들은 무장을 하고 있지만 여성들은 벌거벗거나 임신하고 있는 모습이라 많은 이에게 전쟁의 끔찍한 실상을 알린 작품이에요.

피카소는 전쟁의 참혹한 모습이나 저항하는 모습 등을 그림으로 남겼어요. 한국전쟁 모습을 담은 또 다른 그림으로 <전쟁과 평화>라는 작품도 있어요. 그는 이런 그림을 통해 전쟁이 얼마나 나쁜 것인지 많은 이에게 알리고 싶어했답니다.

1단계

그림을 본 뒤 떠오르는 단어 3개를 써요.

(본문에 나오지 않은 단어여도 괜찮아요.)

질문으로 사고력 키우기

누가/언제/어디서/무엇을/어떻게/왜

2단계

○ 육하원칙을 사용해 명화와 관련된 질문을 만들어요.

○ 질문에 대한 답을 써요.

○ (챗GPT에 물어보거나 주변 사람과 대화한 뒤 써요.)

3단계

○ 나와 그림 속 인물을 연결 지어 질문을 만들어요.

○ 질문에 대한 답을 써요.

○ (스스로 생각해서 써요.)

사고력 완성하기

다음 키워드 2~3개를 넣어 명화를 감상한 소감을 써요.

4단계

#전쟁 #총 #여성 #죽음 #슬픔 #무서움

예시 모음

1장 똑똑한 질문의 힘_인물

16~17쪽
- **1단계** 질문: 단지 동맹이란 무엇일까?
  답: 나라를 되찾고자 하는 의지를 다지기 위해 손가락을 잘라 혈서를 쓴 동지들의 모임.
- **2단계** 질문: 안중근은 왜 독립운동을 하기로 결심했을까?
  답: 나라가 빼앗길 위기에 처해 있어서
- **3단계** 질문: 우리는 독립운동가 후손을 어떻게 대해야 할까?
  답: 마땅히 보상하고 존중해 주어야 한다.

18~19쪽
- **1단계** 질문: 김홍도는 어떤 화가였을까?
  답: 조선 시대 3대 풍속화가
- **2단계** 질문: 김홍도는 주로 누구를 그렸을까?
  답: 서당 학생이나 일반 백성 등 평범한 사람을 그렸다.
- **3단계** 질문: 지금도 일반인의 모습을 그려 주는 화가가 있을까?
  답: 캐리커쳐 같은 것을 그려 주는 사람은 본 적 있다.

20~21쪽
- **1단계** 질문: 세종이 집현전을 설치한 이유는 무엇일까?
  답: 학자들이 공부할 수 있는 장소를 만들기 위해
- **2단계** 질문: 훈민정음 외에 세종의 업적은 무엇일까?
  답: 과학과 농업을 발전시켰다.
- **3단계** 질문: 내가 세종이었다면 백성을 위해 무엇을 만들었을까?
  답: 백성들의 걱정을 덜 수 있는 걱정 인형을 만들었을 것이다.

22~23쪽
- **1단계** 질문: 이순신의 성품(성격)은 어땠을까?
  답: 정의롭고 용감했다.
- **2단계** 질문: 이순신은 어디서 싸웠을 때 가장 두려웠을까?
  답: 너무 많은 일본 배와 맞서야 했던 명량 해전이 아니었을까.
- **3단계** 질문: 이순신에게 내가 배울 수 있는 점은 무엇일까?
  답: 커다란 일에도 두려워하지 않는 용기를 배우고 싶다.

24~25쪽
- **1단계** 질문: 장기려가 남한에서 내려와 세운 병원은 무엇일까?
  답: 복음병원
- **2단계** 질문: 장기려를 기다린 사람은 누가 있었을까?
  답: 북쪽의 가족들, 환자들 등
- **3단계** 질문: 지금은 돈이 없으면 어떻게 치료를 받을까?
  답: 보건소나 공공 병원 등 의료비를 감면해 주는 병원을 찾아 치료한다.

26~27쪽
- **1단계** 질문: 루이 브라유가 앞을 못 보게 된 이유는 무엇일까?
  답: 아버지의 도구를 가지고 놀다가
- **2단계** 질문: 루이 브라유는 무엇을 위해 점자를 만들었을까?
  답: 자신과 시각장애인이 쉽게 글을 배울 수 있으면 해서

　　　　　　3단계 질문: 도움이 필요해 보이는 시각장애인을 만나면 어떻게 해야 할까?
　　　　　　　　　답: 도움이 필요한지 물어보고 팔을 가까이 내민다.

28~29쪽　**1단계** 질문: 헬렌 켈러는 졸업 이후 어떤 삶을 살았나?
　　　　　　　　　답: 장애인의 삶을 더 나아지게 하는 일에 힘썼다.
　　　　　2단계 질문: 헬렌 켈러는 왜 여성 인권을 위해 일했을까?
　　　　　　　　　답: 장애인이자 여성으로서 차별받은 경험이 있기 때문에
　　　　　3단계 질문: 보지도, 듣지도 못하는 아이가 글자를 배울 다른 방법은 없을까?
　　　　　　　　　답: 손으로 만져서 느낄 수 있는 디지털 기기가 있으면 좋겠다.

30~31쪽　**1단계** 질문: 넬슨 만델라가 주장한 것은 무엇일까?
　　　　　　　　　답: 모든 사람은 평등하다.
　　　　　2단계 질문: 넬슨 만델라는 언제 가장 슬펐을까?
　　　　　　　　　답: 감옥에서 27년간 있었을 때
　　　　　3단계 질문: 내 주변에도 차별이 있을까?
　　　　　　　　　답: 학교나 친구들 사이에서도 차별이 있다.

32~33쪽　**1단계** 질문: 아인슈타인의 장점은 무엇일까?
　　　　　　　　　답: 다른 사람들이 생각하지 못하는 방식으로 세상을 본다.
　　　　　2단계 질문: 아인슈타인이 평화를 위해 한 일은 무엇일까?
　　　　　　　　　답: 글을 쓰거나 연설을 했을 것이다.
　　　　　3단계 질문: 과학자가 되려면 어떤 능력을 갖춰야 할까?
　　　　　　　　　답: 관찰력을 키워야 한다.

34~35쪽　**1단계** 질문: 안데르센이 쓴 동화에는 어떤 것이 있을까?
　　　　　　　　　답: 〈인어 공주〉, 〈미운 오리 새끼〉, 〈성냥팔이 소녀〉
　　　　　2단계 질문: 안데르센은 언제 행복했을까?
　　　　　　　　　답: 동화를 쓸 때
　　　　　3단계 질문: 내가 동화 작가라면 어떤 동물을 주인공으로 동화를 쓸까?
　　　　　　　　　답: 우리집 강아지를 주인공으로 한 동화를 쓰고 싶다.

2장 똑똑한 질문의 힘_과학

38~39쪽　**1단계** 질문: 식충식물은 무엇을 먹을까?　　　답: 벌레
　　　　　2단계 질문: 식충식물은 어디서 잘 자랄까?　　답: 환경이 척박한 곳
　　　　　3단계 질문: 우리 집에는 어떤 식충식물이 어울릴까?　답: 끈끈이주걱

40~41쪽　**1단계** 질문: 카멜레온의 특징은 무엇일까?
　　　　　　　　　답: 상황에 따라 피부색을 바꾼다.
　　　　　2단계 질문: 심해 아귀 머리에는 왜 빛이 나는 촉수가 있을까?
　　　　　　　　　답: 먹이를 유인하기 위해서

125

	3단계 질문: 만나고 싶은 희귀 동물이나 상상 속 동물은?	
	답: 유니콘을 보고 싶다.	
42~43쪽	**1단계** 질문: 어떤 것들이 우주 쓰레기가 될까?	
	답: 우주선 부품, 로켓의 파편 등	
	2단계 질문: 우주 쓰레기를 어떻게 치우면 좋을까?	
	답: 아주 잘게 폭파시키거나 청소 우주선을 만든다.	
	3단계 질문: 우주 쓰레기가 지구에 떨어지면 어떻게 될까?	
	답: 사람들이 다치고 자연이 파괴된다.	
44~45쪽	**1단계** 질문: 플라스틱을 많이 사용하는 이유는 무엇일까?	
	답: 가볍고 튼튼해서	
	2단계 질문: 플라스틱은 누가 처음 만들었을까?	
	답: 최초의 인공 플라스틱은 알렉산더 파크스가 만들었다.	
	3단계 질문: 플라스틱 사용을 줄이려면 어떻게 해야 할까?	
	답: 배달 음식을 적게 먹는다.	
46~47쪽	**1단계** 질문: 어떤 것이 기체일까?	
	답: 공기, 풍선 속 헬륨 등	
	2단계 질문: 가장 먼저 물질의 변화를 발견하고 설명한 사람은 누구일까?	
	답: 아리스토텔레스 또는 로버트 보일	
	3단계 질문: 우리 집에는 어디에 액체가 있을까?	
	답: 화장실 물, 어항 물 등	
48~49쪽	**1단계** 질문: 뇌가 하는 일은 무엇일까?	답: 몸에 명령을 내린다.
	2단계 질문: 몸은 언제 아플까?	답: 잘 돌보지 않을 때
	3단계 질문: 몸이 아프면 생활이 어떻게 바뀔까?	
	답: 마음도 우울하고 아무것도 하기 싫어진다.	
50~51쪽	**1단계** 질문: 미세먼지는 사람 몸에 어떻게 들어갈까?	답: 숨쉴 때
	2단계 질문: 미세먼지는 왜 생길까?	답: 황사 또는 배기가스로 인해서
	3단계 질문: 미세먼지 피해를 최대한 줄이려면?	답: 마스크를 쓴다.
52~53쪽	**1단계** 질문: 물체를 움직이게 할 때 필요한 에너지를 뭐라고 할까?	
	답: 힘	
	2단계 질문: 힘은 언제 사용해야 할까?	답: 친구를 도울 때
	3단계 질문: 중력이 없다면 어떻게 될까?	답: 모든 것이 날아다녀 부딪친다.
54~55쪽	**1단계** 질문: 미래 발전할 정보 통신 기술 중 한 가지는?	답: 양자 컴퓨터
	2단계 질문: 자율 주행 차는 언제 대중화될까?	답: 50년 후쯤 아닐까?
	3단계 질문: 숙제하는 데 도움을 얻을 수 인공지능은?	답: 챗GPT

56~57쪽
- **1단계** 질문: 챗GPT로 할 수 있는 일은 무엇인가? 답: 새로운 지식을 배운다.
- **2단계** 질문: 챗GPT는 누가 만들었지? 답: OpenAI
- **3단계** 질문: 영어 실력을 늘리려면 어떻게 해야 할까?
  답: 인공지능과 영어로 대화를 해 본다.

3장 똑똑한 질문의 힘_문화·역사

60~61쪽
- **1단계** 질문: 떡볶이에 들어가는 재료는 무엇일까? 답: 떡, 어묵, 매콤한 고추장 소스 등
- **2단계** 질문: 떡볶이는 언제부터 먹기 시작했을까? 답: 조선 시대
- **3단계** 질문: 엄마가 처음 해 준 떡볶이 맛은 어땠을까? 답: 자꾸 먹고 싶을 만큼 맛있었다.

62~63쪽
- **1단계** 질문: 김치에는 어떤 재료가 들어갈까?
  답: 소금에 절인 채소, 고춧가루, 마늘, 생강, 새우젓, 멸치액젓 등
- **2단계** 질문: 김치는 지역마다 어떻게 다를까?
  답: 특산물이 달라서 재료도 맛도 조금씩 다르다.
- **3단계** 질문: 우리 집은 언제 김치를 담글까?
  답: 겨울이 되기 전에

64~65쪽
- **1단계** 질문: 한글은 무엇을 바탕으로 하는 문자일까?
  답: 훈민정음
- **2단계** 질문: 훈민정음을 왜 세계기록유산으로 지정했을까?
  답: 만든 원리가 창의적이고 논리성 또한 뛰어나서
- **3단계** 질문: 훈민정음이 없었다면 지금쯤 어느 나라 언어를 배웠을까?
  답: 한자를 배우거나 영어를 제2외국어로 썼을 것이다.

66~67쪽
- **1단계** 질문: 중국은 왜 판다 외교를 하기 시작했을까?
  답: 다른 나라와 관계를 좋게 유지하려고
- **2단계** 질문: 판다는 왜 인기가 많을까?
  답: 희귀하고 생김새와 하는 짓이 귀여워서
- **3단계** 질문: 푸바오는 중국과 우리나라 중 어디를 더 좋아할까?
  답: 우리나라를 더 좋아할 것이다.

68~69쪽
- **1단계** 질문: 키오스크는 어디에서 볼 수 있을까? 답: 문구점이나 패스트푸드점 등
- **2단계** 질문: 키오스크를 어려워하는 사람은 누구일까? 답: 키가 작은 어린이나 노인
- **3단계** 질문: 키오스크의 단점은 무엇일까? 답: 사람의 일자리를 잃게 만든다.

70~71쪽
- **1단계** 답: 주먹, 열매, 도구
- **2단계** 질문: 주먹도끼는 언제 사용한 물건일까?
  답: 열매를 따거나 나무를 다듬을 때
- **3단계** 질문: 나에게 주먹도끼가 있었다면 무엇을 했을까?
  답: 나무를 조각했을 것이다.

72~73쪽
- **1단계** 답: 빗살, 그릇, 강가
- **2단계** 질문: 빗살무늬토기는 주로 어디에 사는 사람들이 썼을까? 답: 강가
- **3단계** 질문: 신석기인에게 선물하고 싶은 현대 물건은 뭐가 있을까? 답: 주전자

74~75쪽
- **1단계** 답: 비파, 부족, 문화
- **2단계** 질문: 비파형 단검은 누가 썼던 물건일까? 답: 족장
- **3단계** 질문: 내가 처음 단검을 만들었다면 어떤 모양으로 만들었을까? 답: 반달

76~77쪽
- **1단계** 답: 무덤, 상징, 지배
- **2단계** 질문: 고인돌의 커다란 돌은 어떻게 옮겼을까?
  답: 통나무 위에 돌을 놓고 굴려서 옮겼을 것이다.
- **3단계** 질문: 고인돌을 직접 본다면 어떤 느낌일까?
  답: 아직까지 돌이 쓰러지지 않은 게 신기할 것 같다.

78~79쪽
- **1단계** 답: 비, 장영실, 과학
- **2단계** 질문: 측우기는 언제 쓴 물건일까?
  답: 비가 내릴 때, 비의 양을 측정했다.
- **3단계** 질문: 나에게 측우기가 있었다면 무엇에 쓰는 물건인지 알았을까?
  답: 커다란 연필꽂이인 줄 알았을 것 같다.

4장 똑똑한 질문의 힘_시와 이야기

82~83쪽
- **1단계** 질문: 숙제할 때 엄마는 무엇이 될까?
  답: 탐정
- **2단계** 질문: 내가 아플 땐 엄마가 돌봐 주지만 엄마가 아플 땐 누가 돌봐 줄까?
  답: 아빠가 돌보아야 한다.
- **3단계** 질문: 엄마는 왜 항상 밥을 꼭 먹으라고 할까?
  답: 내가 배고픈 게 싫은 것 같다.

84~85쪽
- **1단계** 질문: 할아버지는 어떻게 된 것일까? 답: 돌아가셨다.
- **2단계** 질문: 아이는 왜 뒤늦게 눈물이 났을까?
  답: 할아버지의 빈자리를 뒤늦게 느꼈다.
- **3단계** 질문: 가족과 이별한다면 마음이 어떨까?
  답: 주사 맞는 것보다 100배는 더 아플 것 같다.

86~87쪽
- **1단계** 질문: 지렁이를 마법사라고 한 까닭은 무엇일까?
  답: 땅을 건강하게 만들어서
- **2단계** 질문: 지렁이는 왜 비 오는 날 나올까?
  답: 비가 땅속에 스며들면서 수위가 상승해 지렁이가 떠오른다.
- **3단계** 질문: 지렁이를 괴롭히는 친구에게 뭐라고 말할까?
  답: 작고 연약한 생명을 괴롭히지 마.

88~89쪽
- **1단계** 질문: 가장 마지막에 결국 누가 문제라고 했을까?
  답: 수학을 만든 사람
- **2단계** 질문: 엄마는 왜 문제집을 사왔을까?
  답: 아이의 수학 성적이 낮아서
- **3단계** 질문: 수학 문제를 좋아하는 친구는 수학이 왜 좋을까?
  답: 답이 명확해서

90~91쪽
- **1단계** 질문: 갈 곳이 어디일지 누구를 보고 생각하고 있을까?
  답: 나비, 구름
- **2단계** 질문: 지은이는 민들레가 왜 날고 싶다고 표현했을까?
  답: 자유를 찾고 싶은 마음을 민들레 홀씨에 비유했다.
- **3단계** 질문: 무심코 민들레를 밟지 않으려면 어떻게 해야 할까?
  답: 화단 근처로 걷지 않는다.

92~93쪽
- **1단계** 질문: 길에 쓰러진 남자를 발견한 세몬은 어떤 생각을 했을까?
  답: 큰일 날 것처럼 보였다.
- **2단계** 질문: 내가 만약 미하일이었다면 상인을 보고 어떻게 했을까?
  답: 죽음을 미리 말해 줬을 것이다.
- **3단계** 질문: 주변에 있는 어려운 이웃을 어떻게 대해야 할까?
  답: 도움을 줄 방법을 부모님과 상의한다.

94~95쪽
- **1단계** 질문: 베어먼 씨가 세상을 떠난 이유는 무엇일까?
  답: 존시에게 희망을 주기 위해 마지막 잎새를 그리다가 병에 걸렸다.
- **2단계** 질문: 만약 존시 곁에 아무도 없었다면 어떻게 되었을까?
  답: 끝내 낫지 못하고 죽었을 것이다.
- **3단계** 질문: 만약 가까운 사람이 존시처럼 아프다면 어떻게 위로할 수 있을까?
  답: 아픔을 극복한 사람의 이야기를 들려줄 것이다.

96~97쪽
- **1단계** 질문: 천사가 가져간 귀중한 것은 무엇일까?
  답: 왕자의 심장과 제비
- **2단계** 질문: 흉하게 변한 동상을 만약 그대로 두었다면 어떻게 됐을까?
  답: 사람들이 지나가면서 욕했을 것이다.
- **3단계** 질문: 가난하거나 아픈 사람을 위해 어린이가 할 수 있는 일은 뭘까?
  답: 용돈을 아껴 기부한다.

98~99쪽
- **1단계** 질문: 옥황상제가 직녀에게 견우를 소개해 준 이유는 무엇일까?
  답: 외로워 보여서
- **2단계** 질문: 만약 까마귀와 까치가 칠석날을 잊으면 어떻게 될까?
  답: 견우와 직녀한테 혼날 것이다.
- **3단계** 질문: 칠석날 풍습에는 뭐가 있을까?
  답: 직녀성에 바느질 솜씨가 늘기를 빌었다.

100~101쪽 **1단계** 질문: 오누이를 찾아온 것은 누구일까?
답: 호랑이
2단계 질문: 만약 어머니가 장에 가시지 않았다면 어떻게 됐을까?
답: 어머니가 호랑이를 쫓아냈을 것이다.
3단계 질문: 모르는 사람이 문을 두드리면 어떻게 해야 할까?
답: 절대 문을 열지 않는다.

102~103쪽 **1단계** 질문: 새어머니가 콩쥐에게 물독을 주며 시킨 일은 무엇일까?
답: 물을 길어 오게 했다.
2단계 질문: 만약 콩쥐 엄마가 살아계셨다면 콩쥐는 어떻게 살았을까?
답: 고된 집안일을 하지 않았을 것이다.
3단계 질문: 내가 가족을 힘들게 한 적이 있을까?
답: 엄마 말을 듣지 않은 적이 있다.

104~105쪽 **1단계** 질문: 베짱이는 겨울에 누구를 찾아갔을까?
답: 개미
2단계 질문: 만약 개미가 베짱이를 도와주지 않았다면 어떻게 됐을까?
답: 다른 개미 집에 찾아갔을 것이다.
3단계 질문: 어린이는 공부와 놀이를 어느 정도 하는 것이 좋을까?
답: 공부는 1시간, 놀이는 3시간 정도 해야 한다.

106~107쪽 **1단계** 질문: 포도를 먹지 못하자 여우는 뭐라고 말했을까?
답: 포도가 시고 맛이 없을 거라고 했다.
2단계 질문: 여우가 만약 일주일이나 굶었다면 포도를 포기했을까?
답: 도구를 쓰거나 다른 동물 친구의 도움을 받았을 것이다.
3단계 질문: 나는 언제 여우처럼 갖지 못한 것을 괜히 나쁘게 생각했을까?
답: 반에서 1등을 하지 못했는데, 괜히 1등한 친구에게 샘을 냈다.

108~109쪽 **1단계** 질문: 지훈이는 은지의 어떤 행동에 불만을 표현했을까?
답: 단톡방에서 말하지 않는 것을 지적했다.
2단계 질문: 만약 친구를 오해했단 사실을 깨달았다면 어떻게 해야 할까?
답: 오해했음을 말하고 사과해야 한다.
3단계 질문: 친구들끼리 단톡방은 필요할까, 필요하지 않을까?
답: 초등학교 때는 필요 없다.

110~111쪽 **1단계** 질문: 진실의 구슬에는 어떤 힘이 있었을까?
답: 진심을 말하게 해 준다.
2단계 질문: 만약 진실의 구슬을 갖고도 민호의 나쁜 말이 고쳐지지 않았다면 어땠을까?
답: 나쁜 말이 진실이기 때문에 친구들이 다 멀리했을 것이다.
3단계 질문: 친구의 나쁜 말에 어떻게 대처할까?
답: 상처받지 않도록 노력한다.

5장 똑똑한 질문의 힘_명화

114~115쪽
- **1단계** 답: 벅차다, 첫걸음, 아빠
- **2단계** 질문: 나는 언제 처음 걸었을까?
  답: 엄마에게 물어보니 태어난 지 11개월 때 걸었다고 한다.
- **3단계** 질문: 내가 그림 속 아기라면 어떤 기분일까?
  답: 아빠에게 안기고 싶어 신이 났을 것 같다.

116~117쪽
- **1단계** 답: 씨름, 긴장, 풍속
- **2단계** 질문: 다음 선수로 나갈 사람은 누구일까?
  답: 갓을 벗어 놓고 움츠리고 있는 사람
- **3단계** 질문: 내가 다음 선수라면 지금 마음이 어떨까?
  답: 긴장돼서 마음껏 경기를 즐기지 못했을 것이다.

118~119쪽
- **1단계** 답: 불안, 우울, 공포
- **2단계** 질문: 갑자기 무서울 땐 어떻게 해야 할까?
  답: 행복한 상상을 하거나 엄마를 부른다.
- **3단계** 질문: 나는 언제 저런 표정을 지었을까?
  답: 숙제를 깜빡했을 때

120~121쪽
- **1단계** 답: 생각, 반려견, 억울
- **2단계** 질문: 그림 속 소녀는 왜 혼이 났을까?
  답: 예쁜 치마를 입고 마구 뛰어다녀서
- **3단계** 질문: 강아지가 위로해 준다면 어떤 기분일까?
  답: 든든하고 사랑스러울 것 같다.

122~123쪽
- **1단계** 답: 두려움, 무장, 전쟁
- **2단계** 질문: 오른쪽에 있는 사람들은 누구일까?
  답: 군인
- **3단계** 질문: 내가 그림 속 한 사람이었다면 속으로 어떤 생각을 했을까?
  답: 전쟁이 멈추길 바랐을 것이다.

초판 1쇄 발행 2025년 3월 7일

지은이 오현선(라온오쌤)
펴낸이 김영조
편집 김시연, 조연곤 | **디자인** 정지연 | **마케팅** 김민수, 조애리, 강지현 | **제작** 김경묵 | **경영지원** 정은진
외주 디자인 권규빈
펴낸곳 싸이클 | **주소** 서울시 마포구 양화로7길 44, 3층
전화 (02)335-0385 | **팩스** (02)335-0397
이메일 cypressbook1@naver.com | **홈페이지** www.cypressbook.co.kr
블로그 blog.naver.com/cypressbook1 | **포스트** post.naver.com/cypressbook1
인스타그램 싸이프레스 @cypress_book1 싸이클 @cycle_book
출판등록 2009년 11월 3일 제2010-000105호

ISBN 979-11-6032-244-6 77700

- 이 책은 저작권법에 따라 보호를 받는 저작물이므로 무단 전재 및 복제를 금합니다.
- 책값은 뒤표지에 있습니다.
- 파본은 구입하신 곳에서 교환해 드립니다.
- 싸이프레스는 여러분의 소중한 원고를 기다립니다.

싸이클은 싸이프레스의 어린이 도서 브랜드입니다.